河北大学保定市乡土艺术研创基地
河北省乡土文化与艺术研创基地资助出版

保定乡土艺术研究丛书

刘宗超 主编

燕下都瓦当图形研究

李文岗 著

河北大学出版社
·保定·

图书在版编目（CIP）数据

燕下都瓦当图形研究 / 李文岗著. -- 保定 : 河北大学出版社, 2017.10

（保定乡土艺术研究丛书 / 刘宗超主编）

ISBN 978-7-5666-1232-8

Ⅰ. ①燕… Ⅱ. ①李… Ⅲ. ①瓦当(考古)—研究—中国—燕国(前11世纪-前222) Ⅳ. ①K876.34

中国版本图书馆CIP数据核字(2017)第248838号

燕下都瓦当图形研究

选题策划：杨显硕
责任编辑：韩立霞
装帧设计：赵　谦
责任印制：靳云飞

出版：河北大学出版社（保定市七一东路2666号）
经销：全国新华书店
印制：保定市北方胶印有限公司
开本：170mm×240mm　1/16
字数：170千字
印张：10.25
版次：2017年10月第1版
印次：2017年10月第1次印刷
书号：ISBN 978-7-5666-1232-8
定价：32.00元

总　序

文化是民族的血脉，是人民的精神家园。作为文化精华形式的艺术具有鲜活、形象的特征，对塑造人民美好生活和培养审美情趣起着重要作用。而乡土艺术则是艺术的母体和民族文化之根，她体现着地域文化特征和历史文脉。在当今时代，对地域乡土艺术的整理、研究、保护、传承，是展现地域特色和历史文脉的重要途径。乡土艺术越来越成为地域软实力、凝聚力、创造力的重要源泉，越来越成为地方综合竞争力的重要因素和经济社会发展的重要支撑。

保定是尧的故乡，是一座拥有3000多年历史的文化古城，清代以来至公元1968年前，近300年为直隶和全省的政治、军事、文化中心，至今存有丰富的乡土艺术资源。保定市是国务院命名的中国历史文化名城，享有“中国民间音乐之乡”“中国民间特色艺术之乡”等美誉，创造出了具有鲜明地域特色的传统音乐、传统舞蹈、传统美术、传统戏剧、传统曲艺、传统技艺等乡土艺术形式。但随着社会文化的现代转型，从“乡土”到“混凝土”，这些艺术形式却勉强延续，传承举步维艰。对它们的整理、研究、保护、传承，成为延续保定历史文脉，传承地域特色的重要举措和文化责任。

河北大学坐落在保定，对研究、保护、传承保定乡土艺术义不容辞。乘河北大学入选“中西部高校基础能力建设工程”“中西部高校综合实力提升工程”“一省一校”“双一流”建设的历史机遇，结合我校艺术学科优势，挖掘保定乡土艺术的学术意义，强化社会服务和文化传承与创新，成为河北大学文化艺术研究者所应肩负起的文化责任。正是基于以上思考，2013年5月，河北大学艺术学院向保定市和河北大学郑重提交了筹建“保定市乡土艺术研创基地暨保定市乡土艺术陈列馆”的论证报告！报告得到了保定市主要领导的高度重视和肯定，并批复：“实现校地联合，依托高校优势和地方文化资源，保护、整理、发掘、弘扬好古城文化是一条好路子，应予支持。”保定市委宣传部领导密切关注，积极筹备，多次到河北大学调研推动。河北大学主要领导亲自研究制订活动计划，为大力推进基地建设做了大量工作。河北大学为此在全校召开了相关部门的筹建协调会。我院组织学术骨干，在暑期深入曲阳、易县等地实地考察了定瓷、石雕、泥塑、吹歌、刺绣等乡土艺术形式，又先后赴石家庄以及蔚县、阳原、宣化等地考察，并在河北大学举办了相关前期成果专题艺术汇报展。汇报展得到了省内外领导专家的充分肯定，反响强烈。保定市先期投入资金予以支持，各项筹备工作取得了明显成效。

2014 年 3 月 18 日上午，“保定市乡土艺术研创基地”揭牌仪式暨乡土艺术展览、演出系列活动在河北大学艺术学院举行。该活动由中共保定市委、保定市人民政府、河北大学主办，中共保定市委宣传部、河北大学艺术学院承办，内容包括揭牌仪式、“乡土乡音乡情——唱响保定故事”文艺会演、“首届保定市乡土艺术成果展览”三个项目。此举首开河北省乡土艺术研创先河，“保定市乡土艺术研创基地”成为河北省首个乡土艺术研创基地。该活动通过鲜活、质朴、纯真的保定乡土艺术作品，“校地联合”的运作形式，震撼了古城保定，一时成为人们关注的焦点和热点。

活动期间，河北省、保定市相关领导相继参观展览，并对活动给予了高度评价。保定市宣传部门多次组织团体参观展览，半月的展期，观众逾万人次。对此，媒体纷纷大力报道活动盛况。《河北新闻联播》以《河北首个乡土艺术研创基地在保定成立》为题对活动进行了专门报道。《保定日报》在头版头条对活动给予了报道，并两次专版报道文艺会演和乡土艺术成果展览中的精品力作。保定电视台分两次专题报道采访活动。网络媒体更是实现全覆盖，信息传遍了全国的主要网站。其后，组委会还专门为本次活动召开了总结表彰大会。系列活动取得了意想不到的效果，对继承和发展保定的乡土文化起到了极大的推动作用。

校地结合，弘扬乡土文化，展现民间风采。用乡土艺术演绎“保定故事”，组建精英团队，提纯打造保定“文化名片”，是我院开展保定乡土艺术系列活动的基本思路。为此，河北大学艺术学院发挥自身在艺术设计、音乐、舞蹈、美术、影视与戏剧、动画等方面的综合学科优势，全方位、立体式整理保定市“乡土艺术”资源。发动学院高端研究力量，对进入保定市乡土艺术中的传统音乐、传统舞蹈、传统美术、传统戏剧、传统曲艺、传统技艺等项目及传承人，进行系统的调查、记录、研究，建立研究档案，积累口述材料，从而撰写系列学术专著，提纯保定文化艺术的学术形象和艺术精神，成为我们艺术研究“接地气”之举。

本丛书在2013年12月以“项目制”方式启动，我院一批专家学者热情投入，深入保定市各县市区乡土艺术实践之中，调研采访，整理记录，扎实研究，学理提升，反复研讨，做出了这些研究成果。这些成果渗透着保定市委、市政府领导和各县市区的倾力支持，渗透着河北大学领导的关怀和大力支持，是河北大学保定市乡土艺术研创基地所有成员的心血结晶，也离不开河北大学出版社领导和编辑出版人员的辛勤汗水！

群众的力量是无穷的，民间出高手，民间有绝招，乡土艺术充满着无限生命力和原创性！

为我们生存的这方热土做事，为这方热土上的人民做事，我们大家的明天会更加充实而精彩！

河北大学艺术学院院长

河北大学保定市乡土艺术研创基地主任

刘宗超

2016年6月

前　言

最初想写这本书是源于河北大学艺术学院一楼展厅的定瓷和瓦当陈列室，那是我第一次近距离看到瓦当和瓦当上的图形。来到河北大学20多年了，先前对刘德彪和吴磬军两位先生关于瓦当的收藏与著录也早有耳闻，但由于种种原因一直没能看到两位先生的收藏。摆在一楼陈列室的藏品应该是吴先生关于瓦当这块儿的全部家当吧，至少在他的两部书里发表的图片在陈列馆里全看到了。藏品上的图形确实让人震撼，图形所传递出的美感信息一点儿不亚于我在敦煌、陕西等地看到的壁画、雕塑等艺术品。古人对于形的认识非常敏感，对于形式语言的把握很到位、准确。你如果认为古人只是靠经验那就大错特错了，因为在这些栩栩如生的瓦当图形当中，形的提炼不管是夸张、简练还是烦琐，其各个要素之间都处理得非常恰当、娴熟。如果按西方分析学和逻辑推理来看也“样样在理”，按圈里的行话来说就是看着舒服。经常会陪朋友和领导看瓦当藏品，看得多了，就想写点什么。但对燕下都瓦当这块儿毕竟了解得少，又不是自己的专业，真要写一本书可不是件容易的事。真正下决心来写这本书还是去年6月左右。当时，我试着打电话问刘德彪先生可不可以写一本关于燕下都瓦当图形方面的书，最好比照着青铜器图形来写，可能资料多写起来容易些。刘先生说可以，这个题目还不错。于是找机会约了刘德彪和吴磬军两位先生谈了谈我的想法，两位先生都给予我很大鼓励。等真正着手开始写这本书时自己真的傻了眼，因为我在拜读了两位先生关于燕下都瓦当著述和相关文章之后，感觉先前的想法很是幼稚，我想说的东西在他们书里全说了。现在想想也是年轻，没好好了解，就把自己想法说出去，当初自己觉得构思想法还挺超前，其实蛮不是那么回事。这大概也是年轻人经常犯的错误吧。那怎么办，刘先生、吴先生把他们的资料都给了我，吴先生甚至把他的研究成果的电子版都拷贝给了我，我只能硬着头皮一边学一边写，故前三章借鉴了两位先生的大部分研究成果，后三章结合自己所学谈了些自己的看法，比如，对称结构，空间结构，正负形的处理，点、线、面的营造以及从图形角度观察分析这些图形之间形成的脉络等，虽未必符合考古学逻辑推理和验证，但至少是图形反馈给我的信息。其实一个图形的出现是相当复杂的，它涵盖了自然、人文、社会等诸多因素。抛开其他因素，如果单从一个绘画者的角度来分析，情况可能就简单得多。按绘画里的说法，就是在半临摹状态下跌跌撞撞完成了这本书，但愿这些观点和角度能够有些新意。书里肯定有些大大小小错误和不足之处，希望大家批评指正。

著者

2017 年 3 月

目　　录

第一章　燕下都瓦当的出土与研究

关于燕下都的兴建与作为都城的年代，目前学术界尚有不同的看法。周初武王封召公奭于燕，仍留其周王室辅政，以其元子克就国，其都城在今北京市房山区琉璃河董家林一带，经考古证明已成共识。《史记·燕召公世家》集解引《世本》曰“桓侯徙临易”①，《水经注·易水》曰“文公徙易”②。关于“临易”和“易”，史学界有两种不同观点，一说为今河北省易县燕下都遗址③，一说为今河北省容城县的“南阳”和“古贤村”一带④。关于桓侯徙临易和文公徙易时间，史学界认识亦不一致。历史的真相只有一个，有待于今后的考古工作者去揭示和证实。根据对相关文献记载的综合分析，和目前所见考古资料的支撑，我们这里依从前者之说，即“临易”“易”为今燕下都遗址，且徙都时间为春秋时期。这里，对燕下都故城遗址考古历程和瓦当出土以及收藏研究等，做一简要综述。

第一节　燕下都遗址、遗迹、遗物概述与文献记载

本节根据中华人民共和国成立以来考古部门对燕下都遗址考古发掘成果，

---

① 《史记·燕召公世家》集解引《世本》云：桓侯徙临易。《史记》标点本，中华书局1959年，第1551页。

② 段熙仲、陈桥驿校：《水经注疏》，江苏古籍出版社1989年，第1041页。

③ 河北省文物研究所：《燕下都》，文物出版社1996年，第408～421页；石永士：《姬燕国号的由来及其都城的变迁》，河北省文物研究所编：《河北省考古文集》，东方出版社1998年，第2页。

④ 陈平：《燕史纪事编年会按》上册，北京大学出版社1995年，第327～328页。

并参考《中国大百科全书・考古学》① 关于燕下都遗址的介绍，以及一些相关文献资料，对燕下都遗址、遗迹、遗物进行简要概述。

一、关于考古发现的燕下都遗址、遗迹和遗物

燕下都遗址位于河北省易县县城东南 2.5 公里处，坐落于北易水和中易水之间，故城平面呈不规则长方形，东西约 8 公里，南北约 4 公里，是战国时期各诸侯国都城中面积最大的一座。如果我们将眼界放宽到燕下都城外已被勘察与发掘、发现的遗存，如故城以北的老姆台 1 号和 2 号夯土建筑基址，故城以东的 3 号、4 号和 5 号夯土建筑基址，故城以南的周任墓葬遗址、解村墓葬和人头骨丛葬遗址，以及故城西南舍龙城建筑作坊遗址等，燕下都遗址则是一个非常宏大而壮观的概念了。②（图 1-1-1）

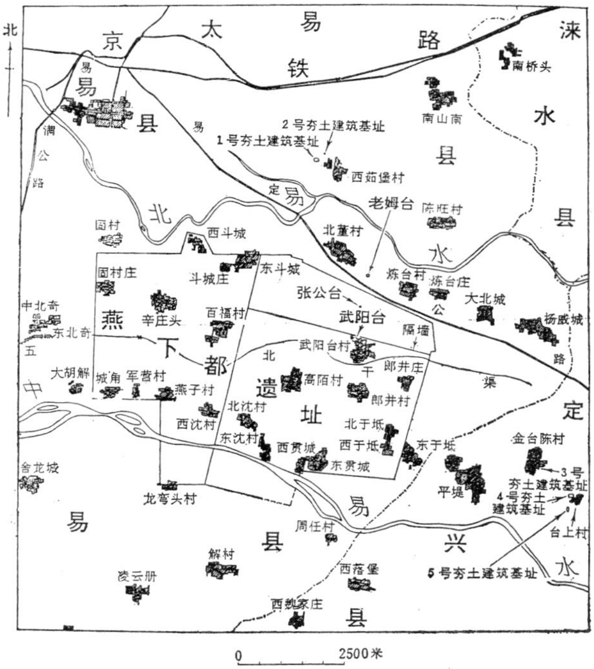

图 1-1-1 燕下都地理位置图

---

① 《中国大百科全书・考古学》，中国大百科全书出版社 1986 年，第 593～594 页。

② 河北省文物研究所：《燕下都》，文物出版社 1996 年，第 12 页。

在燕下都故城内，中部南北纵贯一条古河道，旧称运粮河，东侧有一条与之平行的城墙，将全城分成东、西两部分，即东城与西城。东城是燕下都的主体，平面略呈方形，东西约 4.5 公里，南北约 4 公里，夯土城墙基础宽约 40 米，现今地面上还保留着部分残垣，其东、北、西三面各发现一座城门。南垣以中易水为天然城壕，东、西垣外侧以人工河道为城壕，距北垣外 1 公里的北易水也起着城壕的作用。东城偏北有一道东西走向的隔墙，在其西段西端，有一条自西垣外引出的又分为南、北两支的河道。南支向东、向南，再向东沿三号古河道，经路家台基址南向东南，流入城东垣外的护城河。北支沿二号古河道向北，近北城垣不远处拐折向东，顺北城垣方向流入东端的蓄水池，即《水经注·易水》所称的“金台陂”。这条河道当时是为解决宫殿用水和布置风景的需要而修挖的。南支以北，包括横隔墙南北乃至北城垣外的大部分地段，有众多的宫殿建筑基址，是宫殿区。在横隔墙和东垣北段、北垣上，各有突出城垣的建筑基址一座，当属保护宫殿区的防护设施。在横隔墙西段以北、二号古河道以东、北支以南、宫殿区以西，为军事手工业作坊区。在南支以南大片区域为非军事手工业作坊区，再往南直抵南城垣和东抵东城垣的广大地带为居住区。

西城亦略作方形，因北垣中部向外突出一块，习称“西斗城”。西城东西约 3.5 公里，南北约 3.7 公里，城墙基础宽亦为 40 米左右。地面上城垣有的地段保存较好，现存的西南角南北走向的地段尚高达 6—8 米。从文化遗存看，东城是主体，早于西城，西城是为军事防护需要而增建的附属城郭。

在东城的西北隅有 23 座带高大封土的墓葬，以隔墙和古河道为界分为两个墓葬区。以北的“虚粮冢”墓葬区由分作 4 排的 13 座墓葬组成，以南的“九女台”墓葬区由分作 2 排的 10 座墓葬组成。规模最大的封土长、宽各在 55 米左右，高约 11 米。从“九女台”16 号墓葬形制和发掘出土的器物看，合乎王制，每排当为一代燕侯（公）或燕王及其王后与夫人的陵墓。这种陵墓区，在《周礼·春官·冢人》中叫作“公墓”。燕下都的陵墓区设在都城东城区的西北隅，说明燕国仍然沿袭着殷商晚期和西周时期乃至东周春秋时期的古制。16 号墓葬被考古工作者确定为战国早期，其他墓葬则应为战国早期之后到战国晚期。

在燕下都东城中部偏东以北广大区域，根据残存的建筑基址遗迹，应为宫殿建筑区。在东城东西横墙中段南侧，坐落着大型主体宫殿的武阳台夯土台基，以此为中心，在其以北 1400 多米的中轴线上，依次有望景台、张公台、老姆台三座大型主体宫殿夯土台基。老姆台在东城北垣外，是现存的第二大台基。在武阳西南有以老爷庙台为主、东南有以路家台为主的大型主体宫殿夯土台基。隔墙以北、武阳台东北有以小平台为主的大型主体宫殿夯土台基。除武阳台和望景台外，张公台、老姆台、路家台、小平台附近都有地下夯土建筑遗迹或居住址组成的宫殿建筑组群，排列有序，留出一个缺口面向大的主体建筑，显示着主从关系。燕下都宫殿区采用以武阳台大型主体建筑为中心的南北纵轴线布局，辅以对称的宫殿建筑组群的方法，强调了武阳台中心地位的重要性。其他大型主体建筑，再辅以较低的次要宫室建筑，使整个宫殿区形成高下错落、波浪起伏的空间格局，也使整个宫殿建筑组群显得主次分明和富于变化。（图 1-1-2）

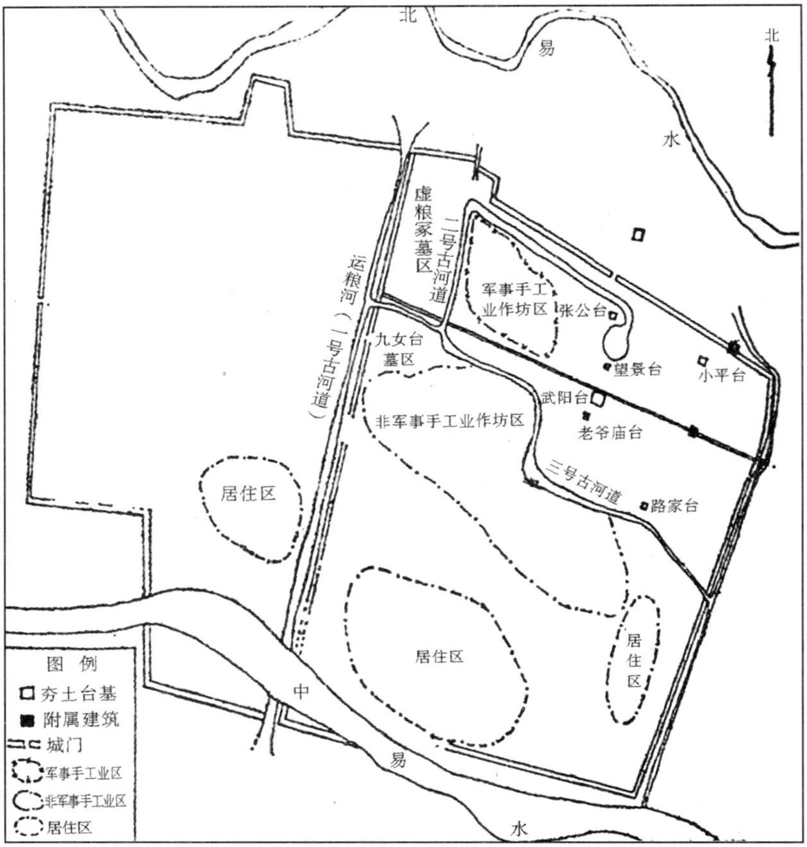

图 1-1-2　燕下都故城平面示意图

在燕下都出土的遗物中，铁器主要有犁铧、镰、镢、耙、锛、斧、凿、刀削、锥、锤、剑、戈、矛、戟、刀、盔甲等。青铜器主要有剑、戈、矛、镞等兵器和铺首。陶器以灰陶为主，但出土的以云母片为羼和料的粗红陶鬲等，则是燕国的代表性陶器。陶器常见的有鬲、釜、豆、盂、尊、罐、壶等。在武阳台、老姆台等宫殿台基周围，以及作坊和居住建筑基址，出土了大量的陶制泄水管道、陶井圈和筒瓦、板瓦、瓦当、瓦钉饰以及脊饰等建筑装饰构件。泄水管道皆为圆形管筒状，最精致的把吐水处的端头做成虎头形。瓦当皆为半圆形，以饕餮纹和山云纹为多见，也有的作兽形状或鸟形状。同时出土的还有用于垂脊带当筒瓦顶部立体山字形装饰构件，在其下端正中部分两个侧面压制贴塑抵角双龙纹饰图案。还有一些用于垂脊带当筒瓦背部的瓦钉饰，有的瓦钉饰和被折断的瓦钉连在一起。关于瓦当、垂脊带当筒瓦、脊饰构件、瓦钉与瓦钉饰，我们将另做专门章节介绍。总之，燕下都建筑用瓦和瓦当较当时其他列国同类宫殿建筑构件、物品更为厚重和讲究。最为引人注目的是近十几年来出土的大鸟形立体滴水构件，在我国古代雕塑史上极具独特性。

二、关于燕下都的文献记载

燕国建立于西周初年，约公元前 11 世纪中叶，至秦始皇二十六年（公元前 221 年）灭亡，享国九百年，历史悠久。正如《史记·燕召公世家》所说：“社稷血食者八九百岁，于姬姓独后亡。”① 考燕国都于易（临易），始于桓侯。前文谈到，《史记·燕召公世家》集解引《世本》说：“桓侯徙临易。”宋忠曰：“今河间易县是也。”对桓侯徙“临易”，史学界观点不同，一说为今河北省容城辖地，一说为今河北省易县下都武阳城。我们依从下都武阳城之说，并且认为，燕桓侯徙临易，在春秋时期，虽然当时兴筑土木之事不见文献记载，但在春秋早期已见素面瓦当使用，春秋中期出现纹饰瓦当是为燕下都考古发掘所证明的事实。在战国中期后段，燕昭王（公元前 311 年—公元前 279 年在位）于下都兴筑土木之事，有文献记载可证。为了招贤纳士，修复“子之之乱”毁损的宫室建筑，其在都城以北新建宫殿，大兴土木。燕下都都城以及宫殿建筑在列国中，壮观高大，胜出一筹。

关于燕下都故城的地理位置、规模和范围，高台建筑、陵墓区和城内古河

---

① 《史记·燕召公世家》。《史记》标点本，中华书局 1959 年，第 1562 页。

道的流迳等方面以及都城的营建年代等，当以北魏郦道元《水经注》记述得最为详尽。

《水经注·易水、滱水》载："易水又东历燕之长城，又东迳渐离城南，盖太子丹馆高渐离处也。易水又东迳武阳城南，盖易自宽中，历武夫关东出，是兼武水之称，故燕之下都，擅武阳之名。左得濡水枝津故渎。武阳大城东南小城，即故安县之故城也。汉文帝封丞相申屠嘉为侯国。城东西二里，南北一里半。高诱云：'易水迳故安城南外东流，即斯水也。'诱是涿人，事经明证。今水被城东南隅，世又谓易水为故安河。武阳盖燕昭王之所城也，东西二十里，南北十七里，故傅逮《述游赋》曰：'出北蓟，历良乡，登金台，观武阳，两城辽廓，旧迹冥茫，盖谓是处也。'"这里所说的易水是指今中易水，两城辽廓，即指燕下都故城的东西两城。有学者谓两城指良乡的中都和下都武阳城①，因目前文献资料缺乏，傅逮《述游赋》详细记载无从查证，有待于以后深入考证。《水经注》还对北易水即濡水流迳进行了描述："濡水又东南，迳樊於期馆西，是其授首于荆轲处也。濡水又东南流，迳荆轲馆北，昔燕丹纳田生之言，尊轲上卿，馆之于此。……濡水又东迳武阳城西北旧堨濡水枝流南入城，迳柏冢西。冢垣城侧，即水塘也。四周茔域深广，有若城焉。其水侧有数陵坟高壮，望若青丘，询之古老，访之史籍，并无文证。以私情求之，当是燕都之前故坟也，或言燕之坟茔，斯不然矣。其水之故渎南出，屈而东转，又分为二渎。一水迳故安城西，侧城南注易水，夹塘崇峻，邃岸高深，左右百步，有二钓台，参差交峙，迢递相望，更为佳观矣。"以上是《水经注》对中易水和北易水两河流迳以及两河流域城馆和冢茔的记叙。以下对两河流迳的昭王时期宫殿建筑遗迹的描述，则是壮观有佳，十分动人了。"其一水东出注金台陂，陂东西六七十步，南北五十步，侧陂西北有钓台，高丈余，方可四十步。陂北十余步有金台，台上东西八十许步，南北如减，高十余丈。昔慕容垂之为范阳也，戍之，即斯台也。……北有小金台，台北有兰马台，并悉高数丈，秀峙相对，翼台左右，水流径通，长庑广宇，周旋陂浦，栋堵咸沦，柱础尚存，是其基构，可得而寻。访诸耆旧，咸言昭王礼宾，广延方士，至于郭隗、乐毅之徒，邹衍、剧辛之俦，宦游历说之民，自远而届者多矣。不欲令诸侯之客，伺隙燕邦，故修建下都，馆之南垂。言燕昭创之于前，子丹踵之于后，故雕墙败馆，尚传镌刻之石，虽

---

① 常征：《古燕国史探微》，聊城地区新闻出版局1992年，第227页。

无经记可凭，察其古迹，似符宿传矣。”①

关于燕下都故城地理位置以及建筑遗址遗迹，《直隶易州志》《易水志》《元和郡县图志》《太平寰宇记》《上谷郡图经》《大清一统志》《述异记》《七国考》等，都有相关的记载。如《水经注》所称的“兰马台”，清乾隆《易州志》则称之为“亮马台”——“亮马台，在州东十三里北董村之南古燕城，高约五丈余。四周垣墙现存，门居西北隅，中间土阜直上，底形方，周围二十余步，高约两丈，传言上有殿宇，当操练之时，燕王登殿检阅兵马。”关于燕下都故城，《易州志》曰：“燕城，在州南五里，广袤六十里，东北内外皆有土台，尚多居民。”②

有关燕下都的文献中，虽未见到对春秋早期的燕桓公营建下都的有关记载，但从考古学和历史学关于先秦时期城市乃至都城的特征来看，营建都城必须有一定的条件，如自然环境地理状况、居民人口、历史沿革、文化背景以及土木基础等。同时还要考虑历史因素和政治背景，达到主、客观条件的统一。在一个较长的历史时期内，都城乃至整个国力的兴衰变化，一般能够从遗迹和遗物中反映出来，如太子丹时期与燕昭王时期相隔一个世纪，虽然同属战国时期后半段，但从建筑物所用瓦当精整与粗率的不同可以看出其兴衰变化。换言之，在考察燕下都瓦当的沿革变化过程时，就应该考虑到燕下都乃至燕国的兴盛与衰落带来的影响。

第二节　燕下都考古与瓦当出土

燕下都作为燕国的都城，自然有着不可替代的政治、经济、军事和文化地位。对其调查和考古发掘，是整个燕国历史研究和燕文化研究中非常重要的组成部分，在我国先秦史和先秦文化研究中也有着重要的地位和价值。对燕下都的调查、发掘，可谓是燕文化考古学的发端，倾注了许多学者、专家的极大热情和关注。对燕下都的保护和研究，得到了国家、省、市、县各级政府的关心和支持。燕下都瓦当的出土，为燕国历史研究和燕文化研究提供了丰富而系统的实物资料。

---

① 段熙仲、陈桥驿校：《水经注疏》，江苏古籍出版社 1989 年，第 1027～1029 页。

② 河北省文物研究所：《燕下都》，文物出版社 1996 年，第 3 页。

燕下都的考古历程，可分为两个阶段，即1949年前的考古调查发掘与研究阶段和1949年以后至今的科学发掘、合理保护与深入研究阶段。

一、1949年前燕下都瓦当的出土

燕下都遗址埋藏着丰富的物质文化遗物。很久以前，就不断有大量文物出土，农民耕作、伐土以及大风雨后，亦往往发现古物。清道光、咸丰年间曾出土大量“明刀”。道光二十五年（1845年）所刊初尚龄《吉金所见录》云：“河间易州于败井颓垣中每有新获，动辄数千。”① 这里“每有新获，动辄数千”，便指“明刀”，即一种燕国刀币。据《易县志稿》载，从19世纪末至20世纪初，即清代末年到民国初年，燕下都出土器物包括早至上古时代的各类石器，晚到汉代石刻。如上古时代石斧、镰、铲、刀、凿、锥、砭等器；商周时期多饰有龙、鱼、鸟、兽、云雷纹等的鬲、尊、罍、鼎、豆、盘、盂等陶器和大量陶砖、陶瓦等建筑构件以及陶质瓮棺等；铜器中有商周铜尊、敦、印玺以及兵器中的戈、刺、箭、镞等，以及玉器、骨器等。其中，影响较大并且引起轰动的器物有三类。其一，光绪十九年（1893年）出土的“齐侯四器”，即齐侯嫁女于燕的鼎、敦、盘、匜四种铜器。初为盛铎所得，后归美国纽约市艺术博物馆。1922年马衡先生曾撰《齐侯四器考》。其二，民国三年（1914年）“武阳城北董村兰马台东岗薛姓农民锄地得一铜兽，形似龙，长2尺余，重36斤，下有座，制极精，后售诸保定，转售英国，仅存摄影”，傅振伦先生谓转售比利时人斯托克雷。② 其三，对燕下都瓦当的出土记载极为详尽精到，“武阳城内农民耕地，古瓦残片所在而是，瓦之大者长三尺余，半规之往一尺以上，足见昔时宫殿制度之雄伟。瓦当之式仅形半规，与秦汉后瓦当成圆形者不同，瓦纹率用饕餮或云龙鸟兽之状，阳文居多，间有阴文者，形质古异不下百种，且有全瓦范以花纹者。”③ 这些瓦当除多归当地邑绅陈紫蓬所藏外，也有不少流入北京海王村古玩商肆，以及当时一些文人志士和社会名流之手，遂产生了较大社会影响。

在我国有清一代，金石学和考据学大兴，时至清末和民国初年，外国势力入侵，近代考古学亦传入中国。此段时期，燕下都已经引起了国内学者的关注，

---

① ［清］初尚龄：《吉金所见录》，道光二十五年（1845年）莱阳初氏古香书舍。

② 傅振伦：《燕下都考古系年要录》，《文物春秋》1990年3期。

③ 寿鹏飞：《易县志稿》，学苑出版社1990年，第862页。

同时也为外国文化侵略者所窥视。美国人毕霞波曾驾驶飞机拍摄燕下都鸟瞰图，拟欲勾结当地豪绅盗掘未能得逞。为了防止盗掘并进行科学调查发掘，由我国近现代考古学家、北京大学教授马衡先生倡议发起，前北平研究院、古物保管委员会和北京大学联合组成燕下都考古团，着手准备对燕下都的调查发掘工作。此项工作与南京史语所考古组对河南安阳殷墟遗址的调查发掘前后相继，南北工作几乎并行开展。

1929 年 11 月，专业人员对燕下都遗址进行了初步调查后，形成了《易燕下都调查报告》和《燕下都武阳台城址考》，这对燕下都的调查、发掘创造了条件。1930 年 3 月，以马衡先生为团长的燕下都考古团正式成立，4 月下旬进驻易县。从 4 月 27 日至 5 月底，考古团对燕下都古城北垣以外的老姆台建筑基址进行了小规模的调查发掘，这是燕下都科学考古发掘之始。5 月 29 日因军阀干扰而停止，发掘工作只进行了短短一个月零几天的时间。这次发掘出来的古物 201 口袋又 36 木箱。按所获古物性质和数量可分为：建筑品、陶器、釉陶、农工用具、货币、瓦棺和杂器；按时代和类别划分，其中大部分是战国时代燕国的文物，燕文物之中建筑品又占多数。陶制建筑品又分为板瓦、瓦钉与瓦钉饰、筒瓦、带当筒瓦和半规瓦当。在带当完整筒瓦中，其筒背饰有虚线交叉而做螭纹者有两件，一长 69 厘米，一长 55 厘米，当径皆 20 厘米。其筒背饰有模压贴制蝉翼纹、回纹交错排列花纹者一种，长 71 厘米，当径 25.6 厘米，半圆周弧长 41 厘米。这种带当且筒背贴制花纹又如此较大规制带当完整筒瓦，是非常具有典型性了，它与出土的台基底部虎头形出水管头和青铜铺首，一并可见老姆台建筑的高大、雄壮和装饰的华美。

在瓦类器物中，“半规瓦当极多，共发掘到 2537 件，其中完整的有 628 件，它们的花纹也很复杂，有饕餮纹（现存 327 件，完整者 63 件，最大的径 27 厘米、半圆周弧长 41.7 厘米）、云山纹（现存 82 件，完整者 22 件）、双螭纹、双夔纹、双鸟、双兽、双狼、双鹿等花纹，还有刻有文字的。花纹种类虽多，但百分之九十以上是饕餮纹或从它演变而成的花纹”。考古工作者认为，“上述瓦当以及建筑品的制作年代一定和燕下都的营建年代相对应，早则为公元前 697 年，迟则为燕人杀太子丹谢秦之年的公元前 226 年。对于瓦当的纹饰来说，早期制品的纹饰显得典雅美丽，线条流逸，燕国势力削弱了的晚期制品则是那些由饕餮纹简化而成的山云纹了。”①

燕下都老姆台的调查发掘工作虽然进行了仅仅半年的时间，但所取得的考古成果在我国近代考古史上产生了深远的影响。一是形成了燕下都老姆台遗址概况、性质和发掘工作的专题报告，对出土的不同器物的研究产生了专题学术成果。二是燕下都老姆台以及出土文物的重要价值引起了社会的强烈反响和新中国人民政府的高度重视。北京历史博物馆，将调查发掘所获文物，华北古物管理委员会、察哈尔人民政府、石家庄市保存的燕下都物器，以及收缴的天津方若、易县陈紫蓬旧藏燕下都文物共计 238 件，在故宫午门楼上西北角楼辟设“燕下都文物陈列室”。这可谓中华人民共和国成立后第一次全国文物展览，引起了社会的高度关注和良好反响，不但燕下都文物使人们耳目一新，而且燕下都的地位在人们心目中得到了极大提升。

二、1949 年后燕下都考古出土瓦当

中华人民共和国成立后，各级政府对燕下都科学考古工作给予了高度重视和支持。尤其是 1958 年以来，国家文化部文物局组织的中国历史博物馆考古组、河北省文物工作队、河北省文物管理处、易县燕下都文物保管所和吉林大学等各级文博考古单位和研究部门，对燕下都进行了科学系统和较为全面的考古发掘，并对燕下都故城内外的重要遗存进行了科学的保护。燕下都遗址由于在我国历史学和近现代考古学中的重要地位和价值，以及所获得的重要成果和引起的社会关注，1961 年被国务院公布为全国重点文物保护单位。这里，我们主要依据河北省文物研究所《燕下都》一书所载考古发掘出土和调查采集瓦当，按照遗址性质和文化地层关系，以及瓦当纹饰、规制、质地，做一初步整理和分析。同时，对一些个别遗址出土瓦当分析时，参考中国历史博物馆考古组、河北省文化局文物工作队相关的发掘报告或简报等资料，以求做到更完备一些。

在 20 世纪 50 年代末至 80 年代初的考古发掘中，武阳台建筑材料坑、老爷庙台 V 号建筑遗址、25 号建筑遗址、27 号建筑遗址以及老姆台 28 号建筑遗址，郎井村 10 号、13 号、30 号、11 号和武阳台村西 21 号作坊遗址，东沈村 6 号、北沈村 8 号、西沈村 19 号和西贯城 9 号居住遗址等，都发现和发掘出土了大量半瓦当。

---

① 傅振伦：《燕下都发掘品的初步整理与研究》，《考古通讯》1955 年 4 期。

（一）宫殿建筑及材料坑遗址发掘出土瓦当

武阳台主体宫殿建筑夯土台基下层的西南侧曾暴露有双龙饕餮纹半圆形瓦当等遗物。武阳台东建筑材料坑，发现于 1976 年 4 月，位于武阳台东约 420 米处，埋藏着大量被遗弃的战国中期宫殿建筑构件，有脊瓦、板瓦、筒瓦和瓦当等。

其一，完整的带当檐前筒瓦。

“檐前筒瓦 3 件。夹砂灰陶。瓦当端都带有双龙饕餮纹半圆形瓦当，后端有子口。瓦面前端将绳纹抹成素面，后边附贴 2 组半模制的三角形山云纹。三角形山云纹粘贴好后，亦将瓦面空隙的地方抹平。中部稍后处有一直径 2.5 厘米的圆形瓦钉孔。”“其中标本 WDK1∶19 瓦宽 28 厘米、复原长 90.5 厘米。”3 件半圆形瓦当纹样皆为双龙饕餮纹样中的双龙背项饕餮纹，虽然基本相同，但亦有细微变化。3 件筒瓦标本为 WDK1∶19（图 1-2-1、图 1-2-2）、WDK1∶10（图 1-2-3）和 WDK1∶18（图 1-2-4）。①

图 1-2-1　檐前筒瓦当头双龙饕餮纹

图 1-2-2　檐前筒瓦

图 1-2-3　双龙背项饕餮纹瓦当

图 1-2-4　双龙背项饕餮纹瓦当

① 河北省文物研究所：《燕下都》，文物出版社 1996 年，第 25 页。

其二，完整带当垂脊筒瓦。

“垂脊筒瓦 1 件。标本 WDK1:6，前端带有半圆形瓦当，后端有子口，瓦面正中原有脊饰，现缺。瓦面正中两侧附贴对称的模制的黼黻纹，前端附贴 2 道泥带纹。模制的黼黻纹及泥带纹贴好后，将正面上所有空隙处的绳纹抹平，并压抹光滑。瓦面正中前后有相距 19 厘米的 2 个脊饰孔，孔宽 3.5 厘米、长 12.5 厘米，后端脊饰孔稍后的左右两侧，各有 1 个直径约 1.5 厘米的圆形瓦钉孔。瓦宽 33 厘米、子口长 3.5 厘米、通长 93.5 厘米。前端半圆形瓦当纹样为双龙饕餮纹。”① （图 1-2-5、图 1-2-6）

图 1-2-5　垂脊筒瓦当头双龙背项饕餮纹

图 1-2-6　垂脊筒瓦

武阳台东建筑材料埋藏坑所出土的材料，形制大，纹样考究，制作亦精。发掘者认为，可能是修建武阳台宫殿主体建筑时因瓦件破损不能使用而埋于地下的，这批建筑材料为我们研究武阳台主体宫殿屋顶结构提供了重要的实物资料。这里需要说明两点。其一，武阳台东建筑材料埋藏坑出土带当筒瓦，《燕下都》一书标明为战国中期制品，我们在列表分期研究时依从而用。这里因为一是形制大、制作精美、规格高，与其一体的筒瓦一并附图观察，使其突显。其二，因为本书重点关注的是燕下都瓦当，其他精美建筑构件如脊瓦、板瓦等未在此分析，而是放入以后相关章节研究。

早在 1958 年 1 月至 4 月，文化部文物局组织的燕下都文物工作队在调查发掘中，就在武阳台村东南夯土遗址上部的地层中发现了不少饕餮纹瓦当以及完整的带当筒瓦。在发现的半瓦当中，以饕餮纹和山云纹者最多。饕餮纹瓦当质地皆为夹砂灰陶，色深量重，与筒瓦相接处比瓦身厚。山云纹瓦当多是泥质灰陶，色浅或呈青灰者，量轻，与筒瓦相接处与瓦身同。

老爷庙台Ⅴ号地下夯土建筑遗址北距老爷庙台 270 米，东距武阳台村 100

① 河北省文物研究所：《燕下都》，文物出版社 1996 年，第 25～27 页。

米，1967年和1976年两次发掘，共出土瓦当44件，其中战国中期41件，战国晚期3件。战国中期的41件瓦当中，纹样不同，有双龙双螭纹、双龙饕餮纹、卷云饕餮纹、山形饕餮纹、山形卷云花卉饕餮纹、山云纹、双龙纹、双鹿纹等11类。

双龙双螭纹2件。均夹砂灰陶。标本LYVT5③:9，底径22厘米。标本LYVT6③H1:5-3，底径22.3厘米，二瓦当纹饰完全相同。

双龙饕餮纹22件。均无下沿，19件夹砂灰陶，1件夹砂红陶，2件泥质灰陶。标本LYVT6③:20，夹砂灰陶，纹饰在分类中为规矩方整的双龙背项饕餮纹，底径21.3厘米。标本LYVT10②F2:2，夹砂灰陶，纹饰与LYVT6③:20基本相当，唯纹样不太规整，底径19.5厘米。标本LYVT10②F4:3与LYVT10②F2:2基本相同，唯饕餮双目呈斜立状，底径20.3厘米。标本LYVT2③:18，泥质灰陶，纹饰与LYVT6③:20基本相同，唯整体纹饰两侧起一道阴线纹，底径20厘米。

卷云饕餮纹3件。均夹砂灰陶。标本LYVT2④:4-7、标本LYVT2④:4-16和标本LYVT7③:22纹饰基本相同，唯瓦当当面边轮宽窄不同。底径分别为18.2厘米、18.9厘米、20.3厘米。

山形饕餮纹2件。均夹砂灰陶。标本LYVT6③H1:2和标本LYVT6③H1:5-1纹饰基本相同，唯瓦当当面边轮宽窄不同。底径分别为16.4厘米和16.8厘米。

山形卷云花卉饕餮纹1件。泥质灰陶。标本LYVT15③:1，残，泥质夹陶，底径约19厘米。

三角双螭饕餮纹1件。夹砂灰陶。标本LYVT2④:4-2，底径17.4厘米。

山云纹4件。均泥质灰陶。其中标本LYVT2④:4-5、标本LYVT7③:25纹饰基本相同，唯勾云纹有云头与无云头之分。底径分别为16.2厘米和17.7厘米。

山云三角纹2件。1件残甚，均泥质灰陶。标本LYVT15②F3:9，稍残，底径约18厘米。此瓦当中所谓的三角纹实则是在当面边轮内侧所饰的二道半周弦纹中的三角纹，乃辅助装饰图案。

双龙纹2件。1件残。夹砂灰陶。标本LYVT7③:17，底径20厘米。

双鹿纹1件。夹砂灰陶。标本LYVT2④:4-3，底径15.8厘米。笔者在纹饰分类研究中把此类双鹿纹归为双龙纹类别。

人面纹 1 件。泥质灰陶。标本 LYVT10②F2:5，残甚。

老爷庙台 V 号地下夯土建筑遗址出土的战国晚期半圆形瓦当 3 件，均为泥质灰陶。纹样有双龙饕餮纹和双龙纹两种。

双龙饕餮纹 2 件。标本 LYVT7②:8，纹饰为双龙饕餮纹类别中的一式，可称为双龙背项抵角饕餮纹，底径 21.6 厘米。标本 LYVT6②:5，纹饰亦为双龙饕餮纹类别中的一式，可称为无鼻梁蝙蝠状饕餮纹，底径 18.6 厘米。

双龙纹 1 件。一角稍残。标本 LYVT6②:4，纹饰规整精美，底径 15.4 厘米。

老爷庙台 V 号地下夯土建筑遗址战国中期地层还出土了 1 件脊瓦和大量板瓦和筒瓦残件。在这些残碎的陶片上印有“左（右）宫某”“左（右）宫某某”戳记。

老爷庙台西南 25 号建筑遗址，东北距武阳台村 500 米，1976 年 12 月发掘，出土战国中期半圆形瓦当碎片较多，其中较完整者 10 件，以夹砂灰陶为主，纹饰有双龙饕餮纹、卷云饕餮纹、山形饕餮纹、双鹿纹、山云纹、双龙纹、三角双螭饕餮纹等 11 种。

双龙饕餮纹 4 件。均夹砂灰陶。标本 LY25T7③:1，双龙背项饕餮纹，双凸目呈斜立状，底径 17.4 厘米。标本 LY25T7③:2，亦双龙背项饕餮纹，唯双凸目呈横长方形状，底径 16.4 厘米。标本 LY25T7③:7，双龙背项饕餮纹，双凸目呈斜立状，鼻以 3 条纵凸线表示，底径 17 厘米。标本 LY25T11③:2，纹饰粗糙，双龙抽象写意不具象，底径 15 厘米。

卷云饕餮纹 1 件。泥质红陶。左角稍残。标本 LY25T7③:5，底径 18 厘米。

山形饕餮纹 1 件。夹砂灰陶。标本 LY25T6③:2，底径 18.5 厘米。

双鹿纹 1 件。仅存右半部分。标本 LY25T7③:4。

山云纹 1 件。泥质灰陶。仅存右半部分。标本 LY25T7③:6。

老爷庙台西南 27 号建筑遗址，位于老爷庙台夯土建筑台基西南约 300 米，东距武阳台村西 380 米。1972 年 5 月发掘，出土战国中期半圆形瓦当 33 件，完整者仅 5 件，均为夹砂灰陶，纹饰有卷云饕餮纹 2 种。出土战国晚期瓦当 29 件，完整者仅 5 件，纹饰有卷云饕餮纹、双龙饕餮纹、双龙纹和山云纹 4 种。

战国中期半圆形瓦当中，卷云饕餮纹 2 件。均夹砂灰陶。标本 LY27T27③H11:1，纹饰稀见，底径 17 厘米。标本 LY27T1②:4，纹饰多见，底径 19.6

厘米。

双龙饕餮纹 3 件。均为夹砂灰陶。标本 LY27T25③H16：1，为双龙背项饕餮纹，制作简率粗糙，底径 17 厘米。标本 LY27T25③H6：2，亦为双龙背项饕餮纹，亦较简意粗率，底径 17 厘米。标本 LY27T2②：3，纹饰规整，唯饕餮双目呈空心圆状，底径 23.6 厘米。

战国晚期半圆形瓦当中，卷云饕餮纹 2 件。标本 LY27T24③：10，夹砂灰陶，纹饰多见，底径 19.2 厘米。

双龙饕餮纹 1 件。标本 LY27T26③：5，夹砂红陶，纹饰圆转秀劲、精美流逸、美观大气，底径 24.7 厘米。

双龙纹 2 件。均夹砂灰陶。标本 LY27T25③：6 和标本 LY27T26②H13：1 纹样基本相同，唯当面边轮宽窄不同。底径分别为 15.6 厘米和 17.5 厘米。

山云纹 1 件。夹砂灰陶，标本 LY27T24③：8，纹饰规整，唯云朵纹曲回未内卷形成圆朵头状，底径 16.2 厘米。

老姆台西南 28 号建筑遗址位于老姆台西南 80 米处，1972 年 12 月发掘，出土半圆形瓦当 27 件，其中 17 件比较完整。纹饰有双龙饕餮纹、卷云饕餮纹、山形饕餮纹、山云纹、山形纹、双龙纹、三角双螭饕餮纹、山云三角纹等 8 类。时期为战国晚期。

双龙饕餮纹 5 件。其中标本 L28T2②：11-1，夹砂灰陶，底径 18.5 厘米。标本 L28T2②：15-3，泥质灰陶，残。标本 L28T2②H2：2，泥质灰陶，底径 18.9 厘米。标本 L28T1②：3，夹砂灰陶，底径 14.8 厘米。标本 L28T2②：10，夹砂灰陶，底径约 18 厘米。以上 5 件瓦当纹饰皆属双龙背项饕餮纹，纹饰细微变化不同，但皆制作粗糙率意。

卷云饕餮纹 2 件。均夹砂灰陶。标本 L28T2④：1-1，饕餮双目呈平菱形状，宽鼻阔口。标本 L28T2②：15-4，纹样极其变形写意，粗糙率意。底径分别为 16.8 厘米和 19.5 厘米。

山形饕餮纹 2 件。标本 L28T2②：15-1，夹砂灰陶。标本 L28T2④：1-2，泥质灰陶，二者纹饰基本相同。底径前者为 16.8 厘米，后者略小一些。

山云纹 3 件。标本 L28T2②：11-2，夹砂灰陶，纹饰多见，底径 17 厘米。标本 L28T2②：6，山形纹收缩，云纹伸展，底径 18 厘米。标本 L28T2②：9，纹饰变形较大，制作极为草率不规整，底径 17.9 厘米。

山形纹 1 件。泥质灰陶。标本 L28T2②：8，纹饰极不规整，外周纹饰几近锯齿纹状，底径 17.7 厘米。

双龙纹 2 件。泥质灰陶，纹样相同。标本 L28T2②:15-2，底径 18.3 厘米。

三角双螭饕餮纹 1 件。泥质灰陶。标本 L28T2②:7，制作率意，当面变形不规整，底径 14.6 厘米。

山云三角纹 1 件。泥质灰陶，残甚。标本 L28T2②H2:1，纹饰为山云纹类一种，在宽边轮内侧饰以二道弦文中填充三角纹的几何状纹。

（二）作坊遗址发掘出土瓦当

郎井村西南 13 号作坊遗址位于郎井村西南 200 米，1965 年秋发掘，出土春秋早期瓦当 1 件，战国早期瓦当 4 件，战国中期瓦当 5 件，战国晚期瓦当 29 件，共 39 件，皆半圆形。纹饰为素面、卷云饕餮纹、双龙饕餮纹、山形饕餮纹、山形太阳花卉饕餮纹、山云纹、双龙纹、双鹿纹和人面纹等 9 类。

春秋早期瓦当 1 件。为素面。标本 LJ13T3⑥:13，泥质灰陶。残，底径约 18 厘米。

战国早期瓦当 4 件。纹饰卷云饕餮纹和双龙饕餮纹 2 种。

卷云饕餮纹 1 件。夹砂灰陶。标本 LJ13T3⑤:17，纹饰多见，比较规整。底径 18 厘米。

双龙饕餮纹 3 件。均为夹砂灰陶。标本 LJ13T3⑤:16，为双龙饕餮纹类别中的双龙背项抵角饕餮一式，底径（残）17.2 厘米。标本 LJ13T6③:1 为双龙饕餮纹类别中的双龙背项饕餮纹一式，底径 15.7 厘米。

战国中期瓦当 5 件。有素面和双龙饕餮纹 2 种。

素面 2 件。1 件残甚。标本 LJ13T4③:7，夹砂灰陶，右下角残，底径约 17.5 厘米。

双龙饕餮纹 3 件。均夹砂灰陶，1 件残缺较甚。标本 LJ13T4③:6，纹饰为双龙饕餮纹类别中的双龙背项抵角饕餮纹，底径 19 厘米。标本 LJ13T5③H9:1，纹饰为双龙饕餮纹类别中的双龙背项饕餮纹，底径 18.8 厘米。

战国晚期瓦当 29 件。纹饰有卷云饕餮纹、双龙饕餮纹、山形饕餮纹、山形太阳花卉饕餮纹、山云纹、双龙纹、双鹿纹、人面纹等 8 种。

卷云饕餮纹 8 件。2 件残甚，有夹砂灰陶和夹砂红陶 2 种。标本 LJ13T7②J3:2，夹砂灰陶，纹饰多见，清整匀称，底径 18.6 厘米。标本 LJ13T7②J3:16，残缺，夹砂灰陶，纹饰与标本 LJ13T7②J3:2 相比，总体面貌、风格、气息大体相同，但尚有细微变化，较为少见，底径（残）10 厘米。

双龙饕餮纹 8 件。均夹砂灰陶。底径小者 16.7 厘米，大者 20.7 厘米。标本 LJ13T1②:12，纹样为双龙饕餮纹类别中的双龙背项饕餮纹，纹饰规整，底径 20.7 厘米。标本 LJ13T4②H5:1，纹饰与标本 LJ13T1②:12 相同，唯饕餮双目呈横长方形，底径 16.5 厘米。标本 LJ13T4②H5:2、标本 LJ13T7②H4:5 和标本 LJ13T4②H5:4，虽皆属双龙背项饕餮纹，但在饕餮双目和宽鼻细部纹饰有些变化。底径分别为 16.8 厘米、18.2 厘米、16.5 厘米。标本 LJ13T4①:4，泥质灰陶，纹饰虽亦为双龙背项饕餮纹，但纹饰简率方折，当面略显空朗，饕餮双目、阔口起一道阴线，且当面有下沿，底径 17.5 厘米。

山形饕餮纹 1 件。夹砂灰陶，残甚。标本 LJ13T5②H1:26，纹饰多见，底径按高 8.5 厘米折算约为 17 厘米。

山形太阳花卉饕餮纹 1 件。夹砂灰陶。标本 LJ13T4①:6，纹饰亦可称山珠花卉饕餮纹，底径 20.8 厘米。

山云纹 5 件。皆为泥质灰陶。较完整者如标本 LJ13T5②:5、标本 LJ13T5②:6，纹饰基本相同。底径分别为 16.5 厘米、14.6 厘米。

双龙纹 3 件。皆夹砂灰陶。标本 LJ13T4②H5:7，纹饰规矩、清整、华美，底径 17 厘米。标本 LJ13T7②H4:3，纹饰写意、奇练，底径 15.2 厘米。

双鹿纹 1 件。夹砂灰陶。标本 LJ13T7②H4:2，左右两角残缺，纹饰华美。

人面纹 2 件。1 件残甚，泥质灰陶。标本 LJ13T2②:1，纹饰清整，底径 20.2 厘米。

值得注意的是，这个遗址的时代大体包括了春秋早期到战国晚期较长历史时期；出土战国时期规格较高的筒瓦；出土“左（右）宫某”类陶文。尤其是大量的半圆形瓦当有明确的文化地层支撑，这对研究燕下都半圆形瓦当早晚之间的关系和变化规律有重要的意义。

郎井村西北 10 号作坊遗址位于郎井村西北，在燕下都东城的中部，1972—1973 年、1974 年、1976 年和 1977—1978 年进行了 4 次发掘，出土战国时期完整带当檐前筒瓦 2 件，当面纹饰分别为双龙饕餮纹和山云纹 2 种。各类纹饰瓦当共计 198 件，纹饰有素面、卷云饕餮纹、双龙饕餮纹、山形饕餮纹、双龙纹、山云纹、山云珠纹、山形太阳花卉饕餮纹、卷云草叶纹、几何形凸线纹、山形纹等 11 类。现按战国早、中、晚三个时期分述如下。

战国早期带当完整檐前筒瓦 1 件。经修复完整，夹砂灰陶。标本 LJ10T96②H643:2，瓦当当面纹饰为双龙饕餮纹类别中的双龙背项饕餮纹，底径 19.6

厘米。瓦筒身通长 49.5 厘米、宽 19.2 厘米，后端有子口，瓦身后半段有 2 组由点纹组成的篱笆纹，在 2 组篱笆纹中间的瓦背项部有一圆形瓦钉孔，瓦钉孔径 2 厘米。（图 1-2-7）

图 1-2-7 檐前筒瓦双龙背项饕餮纹

半圆形瓦当 9 件。均夹砂灰陶，纹样为卷云饕餮纹、双龙饕餮纹 2 种。

卷云饕餮纹 3 件。标本 LJ10T80H539:5 与标本 LJ10T12④H158:4 纹饰基本相同，唯后者稍见简化写意，底径分别为 17.9 厘米和 18 厘米。双龙饕餮纹 6 件。标本 LJ10T14④H200:14，纹样较为特殊，极其少见，除饕餮双目、宽鼻、阔口容易辨识外，双龙形象以及身躯盘曲脉络的走向尚难辨识，底径 17.4 厘米。标本 LJ10T12④H158:6、标本 LJ10T12④H158:5、标本 LJ10T80②J48:22、标本 LJ10T90②H700:2、标本 LJ10T12④H158:1 五件瓦当纹饰基本相同，只是当面边轮和下沿宽窄不同。底径分别为 18.4 厘米、18.1 厘米、17.7 厘米、17.2 厘米、17.8 厘米。

战国中期带当完整檐前筒瓦 1 件。标本 LJ10T87①H534:3，前端为半圆形瓦当，后端有子口，子口一端中央有一个圆形瓦钉孔，筒瓦身背面饰绳纹，多被抹平。筒瓦身长 42 厘米、宽 15.6 厘米—16.8 厘米。半圆形瓦当纹饰为常见的山云纹，宽边轮，底径 16.7 厘米。（图 1-2-8）

图 1-2-8　檐前筒瓦山云纹

半圆形瓦当 38 件。夹砂灰陶和泥质灰陶 2 种。纹饰有卷云饕餮纹、双龙饕餮纹、山形饕餮纹、双龙纹、山云纹等 5 类。

卷云饕餮纹 2 件。皆夹砂灰陶。标本 LJ10T50④H108:1，纹饰为常见的卷云饕餮纹，底径 19.1 厘米。

双龙饕餮纹 23 件。均夹砂灰陶。其中标本 LJ10T94①H623:21、标本 LJ10T32④H228:3、标本 LJ10T94①H623:1，三面瓦当纹饰皆为双龙饕餮纹类别中的双龙背项饕餮纹一式，唯有规整与率意之别。底径分别为 18.5 厘米、15.3 厘米、17.7 厘米。标本 LJ10T143⑤H1169:26，右角残缺，纹饰为双龙饕餮纹类别中无鼻梁、口似蝙蝠状双龙饕餮纹一式，纹饰起线较规整，边轮极宽，底径（残）16.2 厘米。

山形饕餮纹 4 件。纹样基本相同。如标本 LJ10T135⑤H1080:3，夹砂灰陶，底径（残）12.3 厘米。

双龙纹 4 件。纹样基本相同。如标本 LJ10T139⑤H1036:1，夹砂灰陶，纹饰简洁，底径 16.5 厘米。

山云纹 4 件。均泥质灰陶，纹饰基本相同。如标本 LJ10T87①H534:3、标本 LJ10T143⑤H1169:13、标本 LJ10T143⑤H1169:17、标本 LJ10T139⑤H1115:11，唯山形低平与高耸和云朵长短及有无朵头不同。底径分别为 16.7 厘米、16 厘米、15.4 厘米、17.8 厘米。

战国晚期半圆形瓦当 151 件，以泥质灰陶为主，夹砂灰陶次之。瓦当纹饰主要有素面、双龙饕餮纹、卷云饕餮纹、山形饕餮纹、山云纹、山云珠纹、双龙纹、山形太阳花卉饕餮纹、山形纹、几何形凸线纹、卷云草叶纹等 11 种。

素面 1 件。夹砂灰陶，左角残缺。标本 LJ10T18④:12，残径长 11.5 厘米。

双龙饕餮纹 49 件。以夹砂灰陶居多，泥质灰陶较少，瓦当规制大小不等，纹样规整与粗率、繁缛与简洁不一，富于变化，边轮宽窄亦不相同。最具代表性的瓦当如下。

标本 LJ10T33②:10，夹砂灰陶。纹饰为双龙背项饕餮纹，纹饰方整、宽绰、清朗，宽鼻阔口，双龙身前后爪部饰有卷云纹理，无边轮与下沿，底径 19.5 厘米，与此相同者还有 2 件。

标本 LJ10T50②:29，夹砂灰陶。纹饰构图与上述瓦当基本相同，唯双龙身未饰细部纹饰，饕餮宽鼻纹饰略有变化，以 3 条纵凸线代之，规制亦较小，底径 16 厘米。与此相同者还有 10 件。

标本 LJ10T23②H240:23，夹砂灰陶。纹饰与上述瓦当基本相同，唯双龙全身躯刻划细部纹理，整体纹饰清朗秀整，底径 16.5 厘米。与此相同者还有 15 件。

标本 LJ10T119②H827:3，夹砂灰陶。虽为双龙背项饕餮纹，但双龙纹进一步简化，变成粗凸线状，抽象写意，饕餮面像紧蹙，且双目较小。纹饰与边轮距离较远，显得空朗，边轮较宽，底径 17 厘米。与此相同者还有 12 件。

标本 LJ10T140③:14，残缺。纹饰为无鼻梁、口似蝙蝠状的双龙背项饕餮纹，粗糙简率。规制较小且边轮极宽，残径 12 厘米。与此种纹饰相同者还有 1 件。

标本 LJ10T54②:3，夹砂灰陶。纹饰虽亦为双龙背项饕餮纹，然纹饰通体起阴线纹，使纹饰在粗壮浑厚中又显繁缛饱满，饕餮双目、宽鼻阔口和双龙头部极其夸张，无边轮与下沿，底径 19.8 厘米。与此种纹饰相同者还有 1 件。

标本 LJ10T55④:1，夹砂灰陶，一角残缺。此种双龙背项饕餮纹的主要特点在于:一是饕餮双目大而紧凑，口阔而唇咧，极显狞厉。二是双龙头部的口、齿、角、目刻画细腻，双龙前半身躯和前爪雄壮劲健，后半身略去，只在当面两下角显示其后爪和尾部。三是规制大，且青铜气息浓郁，残径 20.5 厘米，根据当面高度推算，此种瓦当底径应在 32 厘米左右。

卷云饕餮纹 12 件。均夹砂灰陶。纹饰虽大体相同，然亦有繁密与疏朗、规整与简练和边轮宽与窄之别。如标本 LJ10T49②H25:3，纹饰厚重浑茫，底径 17.4 厘米。此类纹饰者共 2 件。标本 LJ10T49②H116:1，底径 19.4 厘米。纹饰线条遒劲，边轮较宽。此类纹饰者共 5 件。标本 LJ10T66④H331:13，纹饰线条劲健，当面稍显清朗，边轮极窄，底径 16.8 厘米。此类纹饰者共 4 件。标本 LJ10T51③H308:29，饕餮双目呈横空心圆状，纹饰线条纤劲，当面更显清朗，边轮极宽，底径 19.5 厘米。

山形饕餮纹 9 件。夹砂灰陶和泥质灰陶 2 种，纹样基本相同。如标本 LJ10T60③H458:1，夹砂灰陶，边轮较窄，底径约 16.2 厘米。此类纹饰者共 5 件。标本 LJ10T17①H205:8 与上述瓦当纹饰基本相同，唯饕餮阔口两边纹饰稍有不同，底径 16.5 厘米。此类纹饰者共 2 件。标本 LJ10T25②:2，纹样与上述瓦当基本相同，唯纹样紧蹙而占当面比例较小，边轮极宽，底径 17 厘米。此类纹饰共 2 件。

山云纹 64 件。均泥质灰陶。纹饰基本相同，形制大小不同。最小的底径 15.9 厘米，最大的底径 18.3 厘米。如标本 LJ10T53②:5，底径 17.5 厘米；标本 LJ10T60③H458:1，底径 17.4 厘米；标本 LJ10T9②:4，底径 17.4 厘米；标本 LJ10T57⑤H364:1，底径 16.9 厘米。与上述 4 件标本相同的还有 24 件。标本 LJ10T5②H2:2，纹饰线条较细，当面边轮内侧有 2 道半圆凹线，底径 17.1 厘米。标本 LJ10T59②:1，纹饰构图与前件同，底径 17.9 厘米。与上述 2 件标本相同者还有 3 件。标本 LJ10T24①H88:10，山形纹粗壮高耸，朵云纹劲健圆转，边轮较宽，底径 15.9 厘米。与此件相同者还有 7 件。标本 LJ10T54③J24:1，山形纹高耸峻峭，勾云纹圆劲内卷，宽边轮，底径 17.2 厘米。还有 9 件同类纹饰者。标本 LJ10T34②F2:309，山形纹紧凑内敛，卷云纹回卷朵头末端极显粗壮，边轮宽窄适中，底径 16.7 厘米。标本 LJ10T141③:5，纹饰显得草率不规整，边轮极宽，底径 18.3 厘米。此类纹饰者共 2 件。

山云珠纹 11 件。均泥质灰陶。纹样基本相同，但有阴、阳文之分。如标本 LJ10T19③:3 和标本 LJ10T57②:2 为阳文，底径分别为 16.9 厘米和 16.6 厘米。此类纹饰者还有 6 件。标本 LJ10T4②H13:4 和标本 LJ10T6②:6 为阴文，底径分别为 17 厘米和 16.8 厘米。

双龙纹 2 件。均夹砂灰陶。纹样基本相同。标本 LJ10T57⑤J30:9，残缺半部，底残径 7.2 厘米。标本 LJ10T53②:2，纹饰与上件同，唯规制较小，底径 16.2 厘米。

山形太阳花卉饕餮纹 1 件。泥质灰陶。标本 LJ10T131④F8:8，边轮较宽，底径 18 厘米。

山形纹 1 件。泥质灰陶，一角残缺。标本 LJ10T41②:27，山形粗壮，宽大高耸，外层已变形为锯齿状，宽边轮，底径 18.6 厘米。

几何形凸线纹 1 件。夹砂灰陶。标本 LJ10T70③:2 中底部位和左角残缺较多，底径约 16 厘米。

卷云草叶纹 1 件，泥质灰陶，稍残。标本 LJ10T113④:6，底径约 16.7 厘米。

燕下都 10 号作坊遗址出土的瓦当贯穿了整个战国时期，不但数量大，纹饰种类多，而且在战国晚期还见有制作讲究、纹饰精美的脊瓦、脊饰的使用，说明到了战国晚期已经是官府手工作坊管理机构及其官舍建筑，这对我们研究燕下都瓦当在不同性质建筑的使用有重要意义。

郎井庄村东 30 号作坊遗址 1972 年 9 月发掘，出土战国中期双龙饕餮纹半圆形瓦当 2 件。夹砂灰陶。其中标本 LJZH30T1④:4，纹饰为双龙饕餮纹类别中的双龙背项饕餮纹一式，制作粗率，当面纹饰欠精整，纹饰与边轮处多有粘连，窄边轮，底径 19.2 厘米。

双鹿纹 1 件。夹砂灰陶，两下角稍残。标本 LJZH30T1④:6，边轮内侧半周阴弦纹，底径 18 厘米。

郎井村东南 11 号作坊遗址，1973 年 4 月发掘，出土半圆形瓦当 2 件，纹饰均为双龙饕餮纹，战国晚期制品。标本 LJ11T3②:1，夹砂灰陶，残缺宽边轮，底径约 21 厘米。标本 LJ11T3H5:1，夹砂红陶，残缺，底径约 17 厘米。

（三）居住遗址发掘出土瓦当

东沈村村东 6 号居住遗址，在燕下都东城南部偏西处，1967 年、1974 年、1976 年、1977 年、1979 年 5 次发掘，出土瓦当 28 件，当面纹饰有素面、卷云饕餮纹、双龙饕餮纹 3 类。时期为春秋早期、中期和战国早期。战国中期见有上述 3 种纹饰的瓦当碎片，未见完整瓦当。按时期分述如下。

春秋早期素面半圆形瓦当 6 件。其中标本 D6T67②F19:17，夹砂灰陶，以蚌壳作羼和料，陶质较粗糙，底径 18.8 厘米。标本 D6T84④:36，夹砂灰陶，底径 17.8 厘米。标本 D6T89③H231:1，泥质灰陶，底径 17.5 厘米。

春秋中期半圆形瓦当 13 件。纹饰有素面、卷云饕餮纹、双龙饕餮纹 3 种。其中素面 9 件，1 件夹砂红陶，8 件夹砂灰陶。标本 D6T61②H180:11，夹砂灰陶，当面平素无纹，底径 17.2 厘米。标本 D6T74③:3，夹砂灰陶，瓦当面下部正中有一个不太明显的三角形凸纹，底径 15.8 厘米。标本 D6T67②H192:1，夹砂灰陶，当面下部正中有一个不太明显的三角形凹纹，底径 17 厘米。

卷云饕餮纹 2 件。皆夹砂灰陶，纹饰基本相同。标本 D6T47③:1，底径 19 厘米。

双龙饕餮纹 2 件。标本 D6T61②H182:5，纹饰为双龙饕餮纹类别中双龙背项饕餮纹一式，底径 17.8 厘米。

战国早期半圆形瓦当 9 件。均为夹砂灰陶，纹饰为素面、卷云饕餮纹、双龙饕餮纹。

素面 6 件。不能复原。

卷云饕餮纹 1 件。标本 D6T86③:6，形制较小，一角残缺。此种卷云饕餮纹与本节前面所述卷云饕餮纹相比有细微变化，似为两侧兽形相对，构成一个正面兽面，且饕餮额头处的卷云纹似有刀刻痕迹，底径 16 厘米。

双龙饕餮纹 2 件。标本 D6T22③J1:1，形制较小，左角残缺，无边轮。纹饰属双龙饕餮纹类别中双龙背项饕餮纹一式，表现得奇练简率，底径 17 厘米。

从东沈村村东 6 号遗址发掘情况看，这里从商末周初就有人居住，出土的陶器有中原商、周和北方夏家店下层文化和张家园文化特点。从此经西周中晚期，到春秋战国时期，这里一直有人居住。西周晚期和春秋早期的地层里，出土有板瓦、筒瓦等建筑材料，以及铜兵器和骨、玉装饰品等高级遗物。从春秋早期起，始有素面半圆瓦当使用，到春秋中期，卷云饕餮纹、双龙饕餮纹半圆形瓦当和玉玺等出现。战国早期，除饕餮纹瓦当外，始见铁制生产工具和带文字的陶器。燕下都在战国早期就出现铁器，是很值得注意的。但燕下都遗址发生大的变化，是从战国中期开始的。如从战国中期起，板瓦、筒瓦、饕餮纹瓦当等建筑构件多见，还发现了陶井圈。陶器中鼎、豆、壶、匜俱全，出现带刻画虎、鸟、鱼的花纹和带有兽面铺首的器物。带文字的陶器和铁、铜器也大为增加。

6 号居住地从商末周初到战国晚期各个阶段都有文化堆积，表现出该遗址的连续性。其中从商末周初起当地文化就与周文化共存，说明燕文化具有双重性。这表明，西周初年燕国已在此建立据点。不过这里具有都城的规格，还是从战国中期所产生大的变化开始显现的。①

北沈村村东 8 号居住遗址，位于燕下都东城的西南隅，1974 年和 1979 年两次发掘，出土战国早期半圆形瓦当 2 件，皆夹砂灰陶。纹饰皆为双龙饕餮纹。标本 B8T11③H36:1，纹饰为双龙饕餮纹类别中的双龙团身仰首饕餮纹一式，底径 18 厘米。标本 B8T2④:23，纹饰为双龙饕餮纹类别中的双龙背项饕餮纹一

---

① 参见郭大顺、张星德著《东北文化与幽燕文明》，江苏教育出版社 2005 年，第 561 页。

式，规整清丽，底径 17.2 厘米。

战国晚期山云纹半圆形瓦当 2 件。皆泥质灰陶。标本 B8T1②H8:1 和标本 B8T2②H6:5 纹饰大体相同，后者左角稍残。底径皆为 17 厘米。

西沈村村北 19 号居住遗址，位于燕下都西城的东南隅，1977 年发掘，出土战国早期半圆形瓦当 9 件，皆夹砂灰陶。纹饰有双龙饕餮纹和卷云饕餮纹 2 种。

双龙饕餮纹 8 件。纹饰皆为双龙背项饕餮纹，整体构图基本相同，然细微处富有变化。标本 XSH19T61①H144:2，双龙身躯纹饰两侧各起一道阴线纹，整体纹饰显得繁缛饱满，边轮极窄，底径 19.5 厘米。标本 XSH19T45②:2，纹饰浑厚饱满，边轮稍宽，底径 22 厘米。标本 XSH19T73②:1，纹饰简练清朗，边轮稍宽，底径 17 厘米。标本 XSH19T45②:13，制作粗糙简率，纹饰不规整，边轮上饰半周凹刻弦纹，底径 16.7 厘米。标本 XSH19T65②:1，制作粗糙简率，纹饰模糊不清，边轮较宽，底径 16.2 厘米。

卷云饕餮纹 1 件。一角残。标本 XSH19T79②:1，纹饰图案为一种常见的卷云饕餮纹瓦当的错切，显得极为异样，不易辨识，底径约 17 厘米。

此遗址出土板瓦、筒瓦和饕餮纹半圆形瓦当等建筑构件甚多，尤其是出土陶量 23 件，它们大都印有戳记陶文，说明燕下都在战国早期虽未作为都城，但已是燕国的一处很重要的据点了。①

西贯城村北 9 号居住遗址，位于燕下都东城的西南部，西贯城村和东贯城村北，1973 年、1974 年、1979 年 3 次发掘，出土战国晚期半圆形瓦当 23 件，有泥质灰陶和夹砂灰陶 2 种。纹样有素面、卷云饕餮纹、双龙饕餮纹、双龙纹、山云纹等。

素面 2 件。皆夹砂灰陶。标本 XG9T15②H138:2，底径 19.4 厘米。标本 XG9T13③H149:1，底径 17 厘米。

卷云饕餮纹 6 件。皆夹砂灰陶。标本 XG9T10③:5，底径 18.2 厘米。标本 XG9T10③:7，底径 18.3 厘米。二者纹饰相同，如出一模。标本 XG9T10③:4，底径 17.5 厘米。标本 XG9T10③:6，底径 18 厘米。二者纹饰相同，如出一模。标本 XG9T16③:8，左侧上部稍残，底残径 15.9 厘米，纹饰是上述标本 XG9T10③:5 卷云饕餮纹的阴文瓦当。

---

① 参见郭大顺、张星德著《东北文化与幽燕文明》，江苏教育出版社 2005 年，第 562 页。

双龙饕餮纹 6 件。皆夹砂灰陶。纹饰皆为双龙背项饕餮纹。标本 XG9T16③:6，左角残，底残径 10.1 厘米。标本 XG9T14③:2，右角残，底残径 9 厘米。二者纹饰基本相同，唯后者边轮较宽。标本 XG9T14③:8 和标本 XG9T6④:25，纹饰基本相同，较上述二件显得灵活圆转。底径分别为 17.1 厘米和 18 厘米。

双龙纹 2 件。皆夹砂灰陶。标本 XG9T6④:6 和标本 XG9T14③:1，纹饰基本相同，只是前者纹样粗糙，后者纹样规整，而且双龙身躯阴线纹，肩、胯部位饰有阴旋纹。底径分别为 16 厘米和 15.9 厘米。

山云纹 6 件。皆泥质灰陶。纹饰基本相同。标本 XG9T14③H133:1，山形纹的尖部锐峭，轮廓线明显，山形纹较粗壮，卷云纹线条流畅，云头卷度大，底径 17.5 厘米。标本 XG9T16③:7，山形纹尖部较圆钝，卷云纹卷曲较小，底径 18 厘米。标本 XG9T13②J2:2 和标本 XG9T13②J2:1，二者纹样大体相同，唯前者边轮较宽，后者边轮相对较窄。底径分别为 17 厘米和 16.1 厘米。

山形纹 1 件。泥质灰陶。标本 XG9T13②J2:3，纹饰为 3 道拐折、弯曲的凸线组成的三山重山纹，底径 16.4 厘米。

以上燕下都作坊和居住遗址从春秋早期始见素面瓦当使用，春秋中期卷云饕餮纹和双龙饕餮纹瓦当使用，战国早期大量纹饰瓦当使用，还见有大量脊瓦、板瓦、筒瓦，规格较高。所有这些，都为我们研究燕下都的兴建、立都以及重要地位和作用带来新的思考。

燕下都遗址发掘出土半瓦当纹饰分期表（春秋时期）

时期 遗址名称	春秋早期	春秋中期		
郎井村 13 号作坊遗址	素面(未载图录) LJ13T3⑥:13			
东沈村 6 号居住遗址	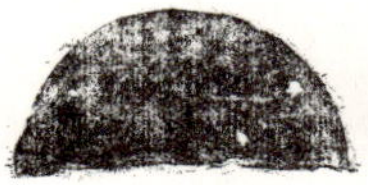 素面 D6T67②F19:17	 素面 D6T74③:3	 卷云饕餮 D6T47③:1	 双龙饕餮 D6T61②H182:5

燕下都遗址发掘出土半瓦当纹饰分期表(战国早期)

时期 遗址名称	战国早期
郎井村13号作坊遗址	 卷云饕餮 LJ13T3⑤:17  双龙饕餮 LJ13T3⑤:16  双龙饕餮 LJ13T6③:1
东沈村6号居住遗址	 卷云饕餮 D6T86③:6  双龙饕餮 D6T22③J1:1
北沈村8号居住遗址	 双龙饕餮 B8T11③H36:1  双龙饕餮 B8T2④:23
西沈村19号居住遗址	 双龙饕餮 XSH19T61①H144:2  双龙饕餮 XSH19T45②:2 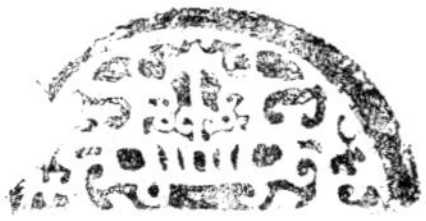 双龙饕餮 XSH19T73②:1  双龙饕餮 XSH19T45②:13  双龙饕餮 XSH19T65②:1  卷云饕餮(错切) XSH19T79②:1

续表

时期 遗址名称	战国早期		
郎井村 10 号作坊遗址	 双龙饕餮 LJ10T96②H643：2	 卷云饕餮 LJ10T80H539：5	 卷云饕餮 LJ10T12④H158：4
	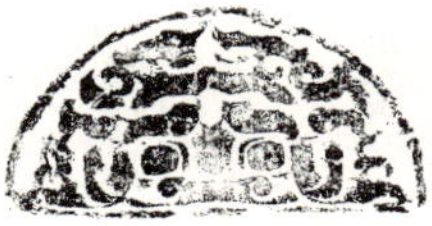 双龙饕餮 LJ10T14④H200：14	 双龙饕餮 LJ10T12④H158：6	 双龙饕餮 LJ10T12④H158：5
	 双龙饕餮 LJ10T80②J48：22	 双龙饕餮 LJ10T90②H700：2	 双龙饕餮 LJ10T12④H158：1

燕下都遗址发掘出土半瓦当纹饰分期表(战国中期)

时期 遗址名称	战国中期		
郎井村 13 号作坊遗址	 素面 LJ13T4③：7	 双龙饕餮 LJ13T4③：6	 双龙饕餮 LJ13T5③H9：1

续表 1

时期 遗址名称	战国中期
郎井村 10 号作坊遗址	 卷云饕餮 LJ10T50④H108:1  双龙饕餮 LJ10T94①H623:21  双龙饕餮 LJ10T32④H228:3  双龙饕餮 LJ10T94①H623:1  双龙饕餮 LJ10T143⑤H1169:26  山形饕餮 LJ10T135⑤H1080:3  双龙 LJ10T139⑤H1036:1  山云 LJ10T87①H534:3  山云 LJ10T143⑤H1169:13  山云 LJ10T143⑤H1169:17  山云 LJ10T139⑤H1115:11
郎井村 30 号作坊遗址	 双龙饕餮 LJZH30T1④:4  双龙 LJZH30T1④:6

续表 2

时期 遗址名称	战国中期		
北沈村 8 号居住遗址	 山云 B8T1②H8:1	 山云 B8T2②H6:5	
老爷庙台 25 号建筑遗址	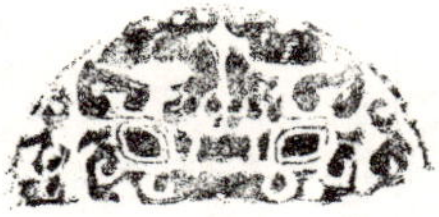 双龙饕餮 LY25T7③:1	 双龙饕餮 LY25T7③:2	 双龙饕餮 LY25T7③:7
	 双龙饕餮 LY25T11③:2	 卷云饕餮 LY25T7③:5	 山形饕餮 LY25T6③:2
老爷庙台 27 号建筑遗址	 卷云饕餮 LY27T27③H11:1	 卷云饕餮 LY27T1②:4	 双龙饕餮 LY27T25③H16:1
	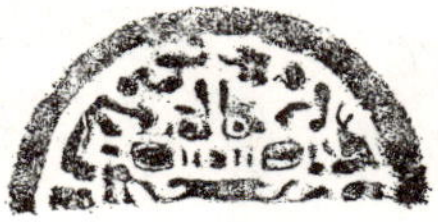 双龙饕餮 LY27T25③H6:2	 双龙饕餮 LY27T2②:3	

续表 3

时期 遗址名称	战国中期
老爷庙台 V号 地下夯土 建筑遗址	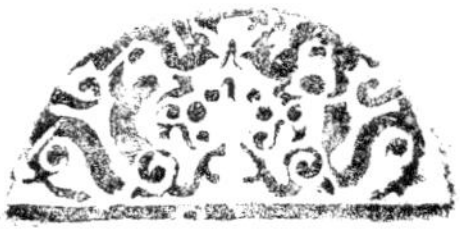 双龙双螭 LYVT5③:9 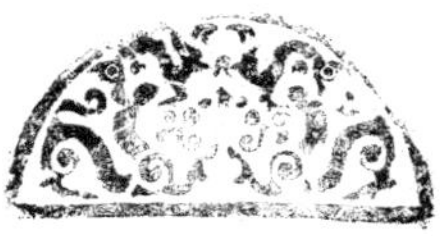 双龙双螭 LYVT6③H1:5-3  双龙饕餮 LYVT6③:20  双龙饕餮 LYVT10②F2:2  双龙饕餮 LYVT16②F4:3  双龙饕餮 LYVT2③:18  卷云饕餮 LYVT2④:4-7  卷云饕餮 LYVT2④:4-16  卷云饕餮 LYVT7③:22  山形饕餮 LYVT6③H1:2  山形饕餮 LYVT6③H1:5-1 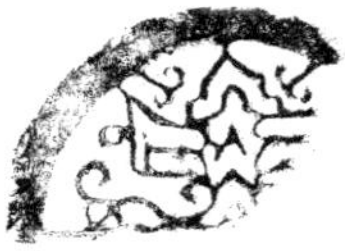 山形卷云花卉饕餮 LYVT15③:1  三角双螭饕餮 LYVT2④:4-2  山云 LYVT2④:4-5 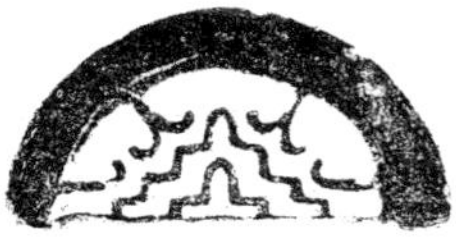 山云 LYVT7③:25

续表 4

时期 遗址名称	战国中期
老爷庙台 V号 地下夯土 建筑遗址	 山云三角 LYVT15②F3:9  双龙 LYVT7③:17  双龙 LYVT2④:4-3  人面(残) LYVT10②F2:5
武阳台 建筑材料坑 遗址	 双龙饕餮 WDK1:19  双龙饕餮 WDK1:10  双龙饕餮 WDK1:18  双龙饕餮 WDK1:6

燕下都遗址发掘出土半瓦当纹饰分期表(战国晚期)

时期 遗址名称	战国晚期
郎井村13号作坊遗址	 卷云饕餮 LJ13T7②J3:2  卷云饕餮 LJ13T7②J3:16  双龙饕餮 LJ13T1②:12  双龙饕餮 LJ13T4②H5:1  双龙饕餮 LJ13T4②H5:2  双龙饕餮 LJ13T7②H4:5  双龙饕餮 LJ13T4②H5:4  双龙饕餮 LJ13T4①:4  山形饕餮 LJ13T5②H1:26  山珠花卉饕餮 LJ13T4①:6  山云 LJ13T5②:5  山云 LJ13T5②:6  双龙 LJ13T4②H5:7  双龙 LJ13T7②H4:3  双龙 LJ13T7②H4:2  人面 LJ13T2②:1

续表 1

时期 遗址名称	战国晚期		
郎井村 10 号作坊遗址	 素面 LJ10T18④：12	 双龙饕餮 LJ10T33②：10	 双龙饕餮 LJ10T50②：29
	 双龙饕餮 LJ10T23②H240：23	 双龙饕餮 LJ10T119②H827：3	 双龙饕餮 LJ10T140③：14
	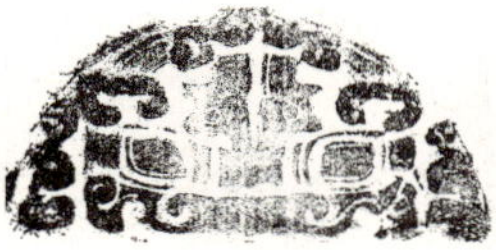 双龙饕餮 LJ10T54②：3	 双龙饕餮 LJ10T55④：1	 卷云饕餮 LJ10T49②H25：3
	 卷云饕餮 LJ10T49②H116：1	 卷云饕餮 LJ10T66④H331：13	 卷云饕餮 LJ10T51③H308：29
	 山形饕餮 LJ10T60③H458：1	 山形饕餮 LJ10T17①H205：8	 山形饕餮 LJ10T25②：2
	 山云 LJ10T53②：5	 山云 LJ10T60③H458：1	 山云 LJ10T9②：4

续表 2

时期 遗址名称	战国晚期
郎井村 10 号 作坊遗址	 山云 LJ10T57⑤H364:1 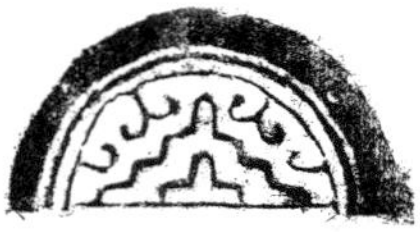 山云 LJ10T5②H2:2 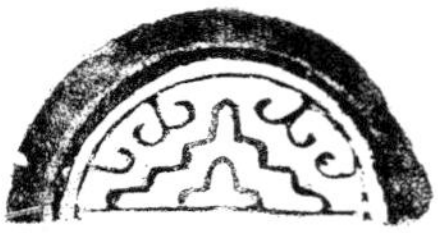 山云 LJ10T59②:1  山云 LJ10T24①H88:10  山云 LJ10T9②:6  山云 LJ10T34②F2:309  山云 LJ10T141③:5  山云珠 LJ10T4②H13:4  山云珠 LJ10T6②:6  山云珠 LJ10T19③:3  山云珠 LJ10T57②:2  双龙 LJ10T57⑤J30:9 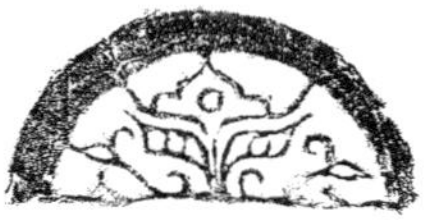 山珠花卉饕餮 LJ10T131④F8:8  山形 LJ10T41②:27  几何 LJ10T70③:2  卷云草叶 LJ10T113④:6

续表 3

时期 遗址名称	战国晚期		
武阳台村 21 号作坊遗址	 山云 W21T30③:5	 山形 W21T86②H99:1	
郎井村 11 号作坊遗址	 双龙饕餮 LJ11T3②:1		
西贯城村 9 号居住遗址	 卷云饕餮 XG9T10③:5	 卷云饕餮 XG9T10③:4	 卷云饕餮 XG9T10③:7
	 卷云饕餮 XG9T10③:6	 卷云饕餮 XG9T16③:8	 双龙饕餮 XG9T16③:6
	 双龙饕餮 XG9T14③:8	 双龙饕餮 XG9T6④:25	 双龙 XG9T6④:6
	 双龙 XG9T14③:1	 山云 XG9T14③H133:1	 山云 XG9T16③:7

续表 4

时期 遗址名称	战国晚期		
西贯城村 9 号居住遗址	 山云 XG9T13②J2：2	 山云 XG9T13②J2：1	 山形 XG9T13②J2：3
高阳村 2 号遗址	 素面 G2T12④H5：22	 双龙 G2T12④H5：6	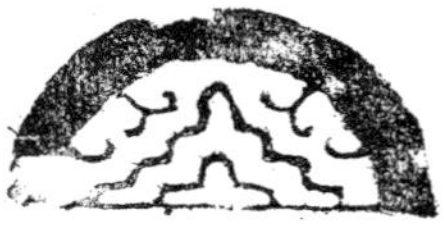 山云 G2T12③H75：2
	 山云 G2T6H65：2	 山云 G2T5④：10	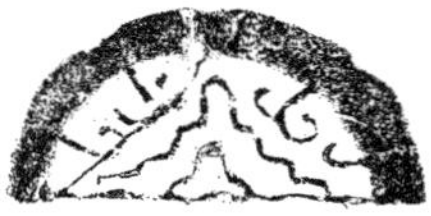 山云 G2T11③H68：2
	 山形 G2T12③H75：1	 卷云草叶 G2T9③：2	
老姆台 28 号建筑遗址	 双龙饕餮 L28T2②：11-1	 双龙饕餮 L28T2②H2：2	 双龙饕餮 L28T1②：3

续表 5

时期 遗址名称	战国晚期
老姆台 28 号 建筑遗址	 双龙饕餮 L28T2②:10  卷云饕餮 L28T2④:1-1  卷云饕餮 L28T2②:15-4  山形饕餮 L28T2②:15-1  山形饕餮 L28T2④:1-2  山云 L28T2②:11-2 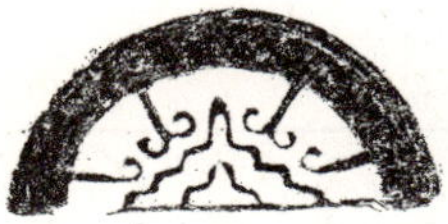 山云 L28T2②:6  山云 L28T2②:9  山形 L28T2②:8  双龙 L28T2②:15-2  三角双螭饕餮 L28T2②:7  山云三角 L28T2②H2:1
老爷庙台 V 号 地下夯土 建筑遗址	 双龙饕餮 LYVT7②:8  双龙饕餮 LYVT6②:5  双龙 LYVT6②:4

续表 6

时期 遗址名称	战国晚期		
老爷庙台 27 号建筑遗址	 卷云饕餮 LY27T24③:10	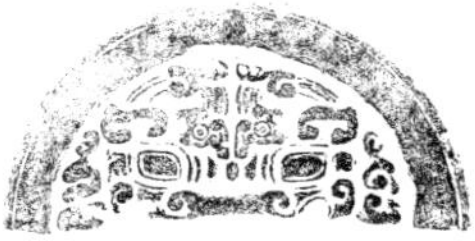 双龙饕餮 LY27T26③:5	 双龙 LY27T25③:6
	 双龙 LY27T26②H13:1	 山云 LY27T24③:8	

燕下都采集瓦当一览表

采集地点	瓦当纹饰与标本		
武阳台村	 双龙饕餮纹 66W:0706	 树木卷云纹 66W:0731	 山云纹 73W:0136
	 山形饕餮纹 78LJ:08	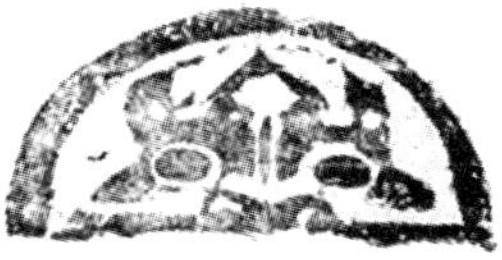 三角双螭饕餮纹 78W:039	
武阳台村东	 卷云饕餮纹 66W:0723	 山形饕餮纹 66W:0727	

续表 1

采集地点	瓦当纹饰与标本
武阳台村西	 双龙饕餮纹 73W:0130  双龙饕餮纹 66W:0726  卷云饕餮纹 66W:0714  双龙饕餮纹 74W:073(1)  双龙饕餮纹 74W:073
武阳台村南	 卷云饕餮纹 66W:0701
武阳台村北	 山云纹 65W:0108  山云纹 66W:0704
郎井村南	 双龙纹 78LJ:037  双龙纹 66LJ:0707  双龙纹 66LJ:0703  双龙饕餮纹 78LJ:010  双龙饕餮纹 65LJ:0102  双龙饕餮纹(阴) 66LJ:0716

续表 2

采集地点	瓦当纹饰与标本
郎井村南	 双龙双螭纹 78LJ:034  山形饕餮纹 78LJ:04  卷云饕餮纹 78LJ:036  卷云饕餮纹 78LJ:019 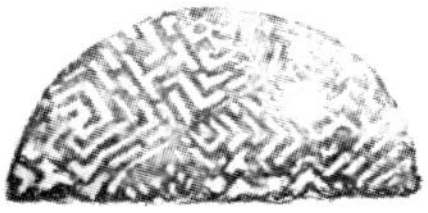 窗棂纹 66LJ:0724
郎井村西	 双龙饕餮纹 75LJ:049  独兽卷云饕餮纹 75LJ:047
郎井村西北	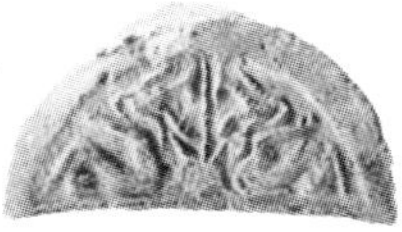 双龙纹 64LJ:015
东沈村	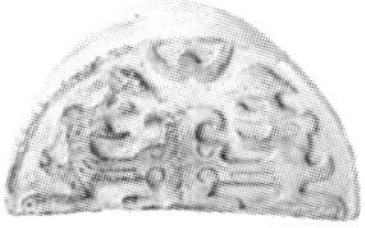 双龙纹 64D:020 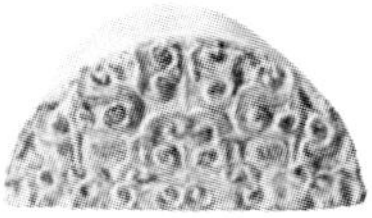 卷云饕餮纹 64D:023
北沈村	 卷云饕餮纹 66B:0696

续表 3

采集地点	瓦当纹饰与标本
北沈村南	 四狼饕餮纹 66B:0712
西贯城村	 卷云饕餮纹 66XG:0693
北董村南	 卷云饕餮纹 72YBB:0156
大北城村	 卷云饕餮纹 66YBD:0717
大北城村南渠道	 山云纹 66YBD:0710
东斗城村南	 双鸟卷云纹 66DD:0720

续表 4

采集地点	瓦当纹饰与标本
17 号建筑遗址	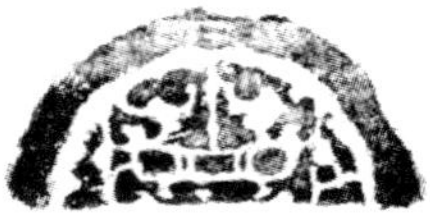 双龙饕餮纹 65X17：0104 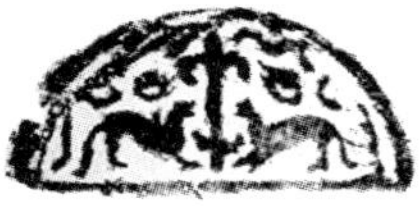 双狼饕餮纹 66ZH17：0689
28 号建筑遗址	 双龙饕餮纹 72YBB28：0155 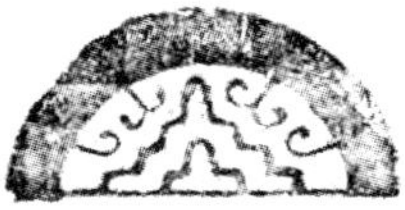 山云纹 73L28：0128
10 号作坊遗址	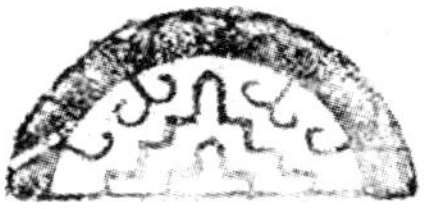 山云纹 73LJ10：0133  山云纹 73LJ10：0131
22 号作坊遗址	 山形饕餮纹 65W22：0103
8 号居住址	 双龙纹 74B8：070
9 号居住址	 双龙饕餮纹 73XG9：0135

续表 5

采集地点	瓦当纹饰与标本	
张公台东侧	 双龙饕餮纹 74ZH：0143	
都城内 具体地点 不明	 山云纹 64Y：014	 三角双螭饕餮纹 64Y：0122

注：1. 把《燕下都》一书中命名的“双鹿纹”归为“双龙纹”一类，“三角山形饕餮纹”归为“双龙饕餮纹（阴）”一类，修补的“双龙纹”未动。

2. 素面瓦当未列入表内。

3. 本表瓦当采集地点按现行政村和遗址名称排序。

第二章　燕下都瓦当纹饰内涵与变迁

春秋战国时期，列国纷立，诸侯争霸，地方经济的发展和政治改革促进了地域文化的繁荣。各诸侯国为了显示自己的强大和尊严，“高台榭、美宫室”，使得象征王权的宫殿建筑以及作为檐前装饰构件的瓦当有了一个空前的发展。瓦当的形制和纹饰内容题材以及构图设计，一方面体现着社会意识形态的需要，一方面体现着审美的艺术追求，从而呈现出不同的地域特色。燕下都瓦当在形制、内容题材、构图形式等方面表现出的艺术特征，与其他诸侯国的瓦当有着明显的不同，不论是在中国古代瓦当发展历程中，还是在先秦时期其他艺术门类中，都有着独特的地位和价值。本章就燕下都瓦当的纹饰分类、题材、构图特色和艺术价值，做一简要分析和探讨。

第一节　燕下都瓦当的纹饰分类

燕下都瓦当不仅数量大，而且当面纹饰种类繁多，极富变化。依据其当面纹饰、题材、构图特征和艺术风格，划分类别、理清种序，并且对每一种大的类别、小的种类，乃至每一式别，都能给予一种准确、合理和科学的命名与释义，这对于金石学的古器物研究来说，是一个重要的方面，而对于现代考古学研究来说，则是一项基本的工作，也可说是一项重要的工作。通过对燕下都瓦当纹饰图案类别的划分，不但能发现每一类别纹饰内容的关联和变化，不同类别纹饰构图的差异，而且能做到对瓦当纹饰图案风格的宏观把握。尤其是能够发现燕下都瓦当主体纹饰，或曰母题纹饰的特征和风格，以便为对其渊源、背景、意义和作用的深入探讨和研究创造条件。

对燕下都的科学考古发掘到 20 世纪 80 年代初基本结束，然后是对考古发掘所获成果进入整理分析、研究和总结阶段，1996 年成书的《燕下都》便是对燕下都考古发掘工作的最终发掘报告。也正是在 20 世纪 80 年代初，随着我国的改革开放和经济发展，新一轮收藏热潮开始兴起。对燕下都遗址科学系统考古发掘虽然暂时停止，但是深埋于地下的瓦当却没有因此而停止出土。相对于燕下都故城内外 40 余平方公里的范围，大小台基遗址 50 余座，宫殿、作坊、居住、墓葬等不同性质遗址俱全的状况来说，对其发掘勘探远达不到全面和系统的覆盖。或因农民耕种、居民建设开挖地基、建窑烧砖用土，或因私挖乱掘，使得不少瓦当陆续出土面世。一则由于文保部门的保护管理以及征集工作薄弱、滞后，一则由于民间收藏意识的提升，加之有一定的经济利益驱使，一些瓦当流向了私人博物馆，也有部分流向了海外。尤其是燕下都故城内被村落民居的覆挡围盖的宫殿建筑遗址，和故城以外被定名的城外军事防护遗址，还未进行正式勘探和发掘，这些重要遗址出土的瓦当不但数量大、纹饰精美，而且规制大、品位高。

综观此前关于燕下都瓦当纹饰的分类，一方面受瓦当数量的限制，一方面仍是停留在金石学对当面纹饰图案特征的直观感觉上。滕固先生的分类主要是建立在 1930 年初燕下都第一次调查、考古发掘所获瓦当基础之上。杨宗荣、傅振伦二位先生的分类是依据此批瓦当再加上 1949 年和 1950 年原察哈尔省、石家庄市文物部门以及天津方若、易县陈紫蓬等个人所藏而汇集于原北京历史博物馆的瓦当。《燕下都》一书以及石永士先生的分类研究则是建立在对燕下都调查、发掘和采集所获瓦当基础上进行的。

而从 20 世纪 80 年代初至今，又经历了 30 余年的时间，燕下都非经考古发掘出土的瓦当，绝大部分藏于民间。在民间收藏的燕下都瓦当中，或以个人博物馆实物陈列形式展出，或在出版著录中刊载，也或有少量被一些大学博物馆收集，或被图书馆拓片收集而出版图录介绍，其中不乏一些新见的瓦当纹饰种类。眼下，根据目前所能见到的无论是国家各级馆藏、个人博物馆藏，还是民间收藏的瓦当实物和图片、拓片资料，以前各阶段的发掘报告和各种专业报刊所载的燕下都出土瓦当资料，形成一个基本反映燕下都瓦当纹饰类别全貌的总体图录大观，已经能够做到。2004 年和 2008 年出版的《燕下都瓦当研究》①

① 刘德彪、吴磬军：《燕下都瓦当研究》，河北大学出版社 2004 年。

《燕下都瓦当文化考论》[1]，对燕下都瓦当纹饰分类进行了新的尝试，增加了一些新见纹饰种类，但对饕餮纹类别中的小类的划分上有些过于注重细微变化，对含有饕餮遗意其他类别的纹饰的界定有些模糊，对兽形纹饰的界定同样在想象中的龙、螭等和自然物象中的狼、犬、鹿等之间的区分上含糊不清，甚至对兽形的概念未能界定清楚。

此外，这些年燕国历史、燕文化的研究成果，使我们对燕下都瓦当纹饰的社会背景、时代精神，瓦当纹饰的渊源、价值和意义，有了一定的了解。而且，通过文化地层关系和考古类型学研究方法，使得燕下都瓦当时空意义突显出来，使得我们对燕下都瓦当纹饰种类的早晚关系以及沿革演变规律有了进一步把握。这样，我们与燕下都瓦当纹饰内容题材、风格特征统一关联，全面观照，再做进一步深入分类研究，便多了一些理性思维和认识。这里，我们在此项目研究阶段成果，即《燕下都瓦当》[2] 一书分类的基础上，做一梳理归纳。

素面瓦当不只在燕下都、临淄、雍城是最早使用的瓦当，而且在整个中国古代瓦当发展历程中，也是最早产生和使用的瓦当，如在陕西省扶风县召陈出土的西周中晚期宫室建筑瓦当。经过一定阶段，纹饰瓦当产生，素面瓦当逐渐被纹饰瓦当所取代。因无纹饰，虽然具有重要的文物价值和历史价值，但不为研究者和收藏者所重视，亦少被著录。对于燕下都素面瓦当来说，依笔者所见实物，亦非当面单纯平整的无纹素面，也有在当面中心压制三角形者，即在原泥坯时的圆形平面正中压制一个凹进去的正方形，切割成半圆形后便呈现出凹三角形状，视觉可见。

在燕下都纹饰瓦当中，饕餮纹饰是最夺人眼目的，非常具有典型性、普遍性和代表性，故此我们把饕餮纹安排在第一大类。然后，我们将以饕餮纹为主、辅以其他纹饰，以及含有饕餮纹遗意与其他内容题材组构一起的纹饰，安排在其后。接下来，是那些接近商周青铜器纹饰风格，具有神秘色彩的龙、螭、怪兽纹类。然后是山云纹（虽然山云纹类瓦当是燕下都第二主体纹饰瓦当，亦非常具有代表性，但其已经极具图案化，亦与自然物象的云和山有直接的关联）。之后便是与自然物象中能够发生关联的兽纹、鸟纹、树木兽纹、树木云纹、草叶云纹。最后是那些看似与现实生活密切相关，但又不能准确和科学命名的人

① 吴磬军：《燕下都瓦当文化考论》，河北大学出版社 2008 年。

② 吴磬军：《燕下都瓦当》，故宫出版社 2014 年。

面纹、几何纹和窗棂纹等。就是说，我们这里的分类是一个从神秘奇谲色彩到现实物象的演变过程，也是一个从复杂的图像到简单的图案变化过程。总体分类情况如下。

一、饕餮纹类

饕餮纹类瓦当在燕下都瓦当中占比相当大，按细微纹饰变化又可分为 9 类，即双龙饕餮纹、卷云饕餮纹、饕餮面纹、三角双螭饕餮纹、独兽饕餮纹、四兽饕餮纹、山形饕餮纹、山形花卉饕餮纹和山珠花卉饕餮纹。

（一）双龙饕餮纹

双龙饕餮纹，当面纹饰图案是由饕餮面像和弯曲盘旋的双龙身躯侧面形象构成。此类纹饰中，具体可以分为 4 小类，即双龙背项饕餮纹、双龙背项抵角饕餮纹、双龙背身俯首饕餮纹和双龙背身仰首饕餮纹。其中以双龙背项饕餮纹最为多见，双龙背项抵角饕餮纹次之，双龙背身俯首饕餮纹和双龙背身仰首饕餮纹较为少见。

1. 双龙背项饕餮纹

此类纹饰当面中部为饕餮正面图像，自当面正中上部分别向左右边缘两下角部分盘曲垂首背项仰身的双龙。此类纹饰在燕下都纹饰瓦当中所占比例非常大，具有典型性、普遍性和代表性。此类纹饰由于出现最早，消失最晚，使用时间最长，数量最多，故此，纹饰细微变化较多，往往在饕餮纹和双龙纹饰细部设计上有一些变化和区别，且有阴文和阳文之分。在规制上大、中、小皆具，一般规制较小者底径在 15—20 厘米之间，中等者底径在 25 厘米左右，大规制者底径在 30 厘米以上，有的瓦当底径达到 36—38 厘米。按纹饰细微变化，可分为以下 13 式。

Ⅰ式：饕餮双目凸显，双目中间为其宽鼻，鼻下是口唇向外向上翻卷的阔口，饕餮双目外斜上方即当面左右两侧中间的如意多云形状是其双角。这样，由凸目、宽鼻、阔口和巨角构成的饕餮面像显得极为端庄、宽大、肃穆和威严。双龙仰身，前爪蟠靠上面边缘，长颈各自中心下垂，双龙背首向外，呈张口龇牙状，构成饕餮的额梁。双龙身躯分别向左右沿当面内边轮伸展，转弯向下从饕餮的双角底下穿过，紧贴饕餮双目的外眶向下向外弯曲，臀部和后爪部盘曲在当面的左右两下角，其尾部在下，后爪上扬。整体纹饰既庄严又精美流逸，是此类纹饰的标准纹饰。如果将当面翻转 180 度看，双龙呈对向回首奔驰状，其整体形象非常明晰易识，别有一番意味。（图 2-1-1、图 2-1-2、图 2-1-3、图 2-1-4、图 2-1-5、图 2-1-6、图 2-1-7、图 2-1-8、图 2-1-9、图 2-1-10、图 2-1-11、图 2-1-12、图 2-1-13、图 2-1-14）

图 2-1-1　双龙背项饕餮纹 I 式

图 2-1-2　双龙背项饕餮纹 I 式

图 2-1-3　双龙背项饕餮纹 I 式

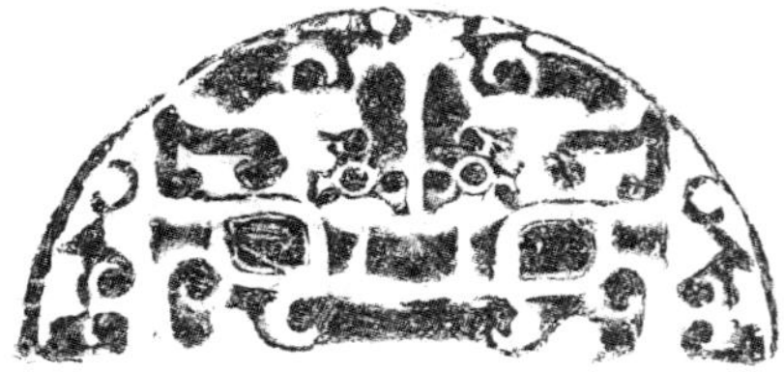

图 2-1-4　双龙背项饕餮纹 I 式

图 2-1-5　双龙背项饕餮纹 I 式

图 2-1-6　双龙背项饕餮纹 I 式

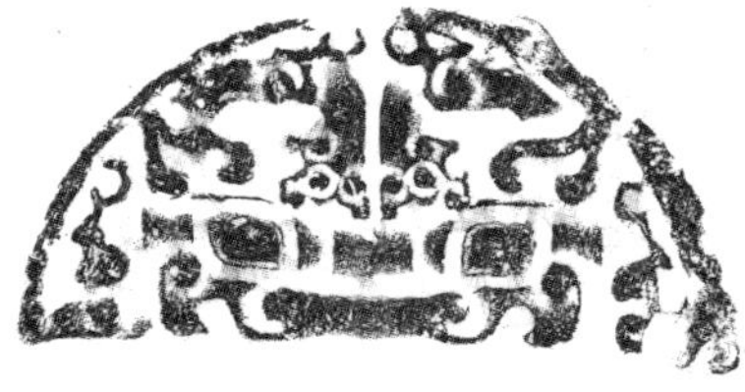

图 2-1-7　双龙背项饕餮纹 I 式

图 2-1-8　双龙背项饕餮纹 I 式

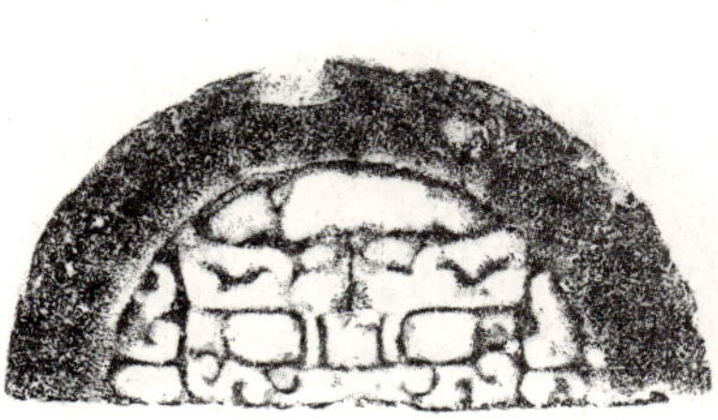

图 2-1-9　双龙背项饕餮纹Ⅰ式

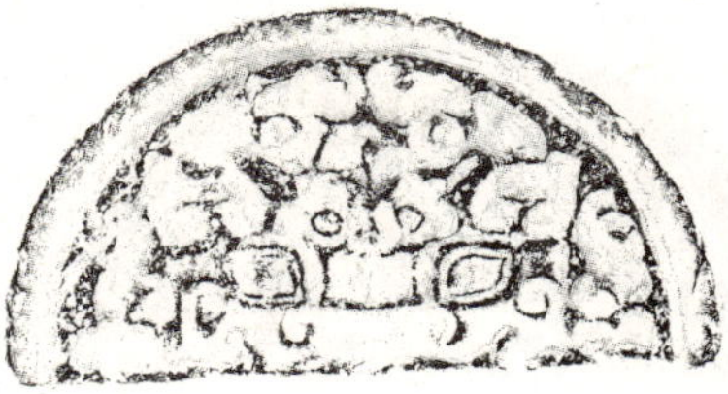

图 2-1-10　双龙背项饕餮纹Ⅰ式

图 2-1-11　双龙背项饕餮纹Ⅰ式

图 2-1-12　双龙背项饕餮纹Ⅰ式

图 2-1-13　双龙背项饕餮纹Ⅰ式

图 2-1-14　双龙背项饕餮纹Ⅰ式

Ⅱ式：纹饰与Ⅰ式基本相同，唯在双龙身躯和饕餮双目以及口的纹饰外侧两边缘起一道阴文细线，甚至有的在饕餮双角纹饰上也起有阴线纹，使整体纹饰更加繁缛华丽。（图 2-1-15、图 2-1-16、图 2-1-17、图 2-1-18、图 2-1-19、图 2-1-20、图 2-1-21、图 2-1-22、图 2-1-23、图 2-1-24）

图 2-1-15　双龙背项饕餮纹Ⅱ式

图 2-1-16　双龙背项饕餮纹Ⅱ式

图 2-1-17　双龙背项饕餮纹Ⅱ式

图 2-1-18　双龙背项饕餮纹Ⅱ式

图 2-1-19　双龙背项饕餮纹Ⅱ式

图 2-1-20　双龙背项饕餮纹Ⅱ式

图 2-1-21　双龙背项饕餮纹Ⅱ式

图 2-1-22　双龙背项饕餮纹Ⅱ式

图 2-1-23　双龙背项饕餮纹Ⅱ式

图 2-1-24　双龙背项饕餮纹Ⅱ式

Ⅲ式：纹饰与Ⅰ式基本相同，但风格由规矩严格变得率真简朗，饕餮宽鼻和双目内眶多以 5 条竖凸线表示。（图 2-1-25、图 2-1-26、图 2-1-27、图 2-1-28、图 2-1-29、图 2-1-30）

图 2-1-25　双龙背项饕餮纹Ⅲ式

图 2-1-26　双龙背项饕餮纹Ⅲ式

图 2-1-27　双龙背项饕餮纹Ⅲ式

图 2-1-28　双龙背项饕餮纹Ⅲ式

图 2-1-29　双龙背项饕餮纹Ⅲ式

图 2-1-30　双龙背项饕餮纹Ⅲ式

Ⅳ式：纹饰与Ⅰ式基本相同，唯双龙颈和身躯前半部分由规矩严整变得圆转灵活，饕餮双目亦可由方变圆。整体纹饰与边轮内缘的距离显得宽绰一些，当面图案效果亦显得清朗一些。（图 2-1-31、图 2-1-32、图 2-1-33、图 2-1-34、图 2-1-35）

图 2-1-31　双龙背项饕餮纹Ⅳ式

图 2-1-32　双龙背项饕餮纹Ⅳ式

图 2-1-33　双龙背项饕餮纹Ⅳ式

图 2-1-34　双龙背项饕餮纹Ⅳ式

图 2-1-35　双龙背项饕餮纹Ⅳ式

Ⅴ式：纹饰与Ⅰ式基本相同，唯饕餮巨口宽大而向外凸出，极具夸张之势，夺人眼目，撼人心魄。双龙整体纹饰起线，使当面显得更加繁缛华美而又整洁清丽、疏朗大度。（图 2-1-36）

图 2-1-36　双龙背项饕餮纹Ⅴ式

Ⅵ式：纹饰与Ⅰ式基本相同，唯整体纹饰变得抽象写意，双龙身失去了整体关联性，饕餮双目依然凸显。（图 2-1-37、图 2-1-38）

图 2-1-37　双龙背项饕餮纹Ⅵ式

图 2-1-38　双龙背项饕餮纹Ⅵ式

Ⅶ式：纹饰与Ⅰ式基本相同，唯显简洁清朗、宽舒平和，装饰性较强。双龙头、颈、身简洁写意，饕餮双目外眶宽而眼珠小，阔口所占比例较大，极其夸张。（图 2-1-39、图 2-1-40）

图 2-1-39　双龙背项饕餮纹Ⅶ式

图 2-1-40　双龙背项饕餮纹Ⅶ式

Ⅷ式：纹饰与Ⅰ式基本相同，但表现得简洁清朗，饕餮双角接近三角形，宽鼻阔口，口唇以单线卷云纹表示，双龙颈与胸部的转折处呈方折状，抽象写意，似为格式化。（图 2-1-41、图 2-1-42）

图 2-1-41　双龙背项饕餮纹Ⅷ式

图 2-1-42　双龙背项饕餮纹Ⅷ式

Ⅸ式：纹饰与Ⅰ式相比，变化比较大，纹饰简洁流畅。饕餮双目外高内低，斜翘而紧靠，似乎略去了鼻梁，以卷云纹组成饕餮纹的鼻下端和阔口，整体图案呈蝙蝠状。（图 2-1-43、图 2-1-44、图 2-1-45）

图 2-1-43　双龙背项饕餮纹Ⅸ式

图 2-1-44　双龙背项饕餮纹Ⅸ式

图 2-1-45　双龙背项饕餮纹Ⅸ式

Ⅹ式：纹饰与Ⅰ式基本相同，构图饱满，整体起线端庄规整中又增加了几分繁缛华丽，凶悍狰狞中又流露出一些大度与包容，双龙头、颈及前半身粗壮凝劲，后半身不再显示，尾和后爪部在当面两下角已成格式化。饕餮巨口更加凸显，口唇外侧上翘到了饕餮双目外侧的上眼角部位。此类纹饰多施于底径 32 厘米以上大规制半瓦当上，青铜气息极其浓郁，有一种王者之气。（图 2-1-46、图 2-1-47、图 2-1-48、图 2-1-49、图 2-1-50、图 2-1-51、图 2-1-52、图 2-1-53）

图 2-1-46　双龙背项饕餮纹Ⅹ式

图 2-1-47　双龙背项饕餮纹Ⅹ式

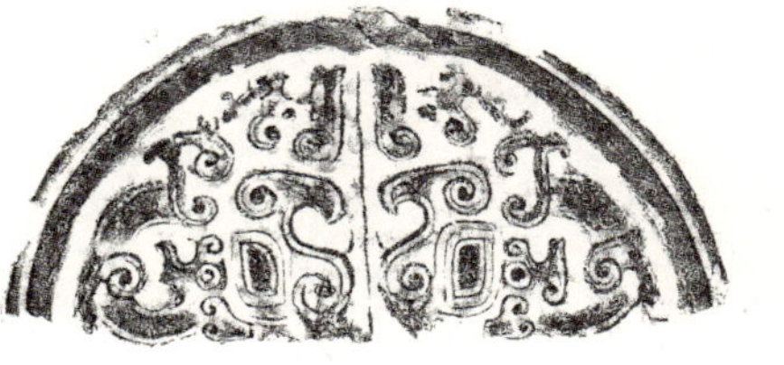

图 2-1-48　双龙背项饕餮纹Ⅹ式

图 2-1-49　双龙背项饕餮纹Ⅹ式

图 2-1-50　双龙背项饕餮纹Ⅹ式

图 2-1-51　双龙背项饕餮纹Ⅹ式

图 2-1-52　双龙背项饕餮纹Ⅹ式

图 2-1-53　双龙背项饕餮纹Ⅹ式

Ⅺ式：纹饰与Ⅰ式基本相同，此类纹饰多施于大规制和中等规制瓦当。纹饰有以下细微变化。其一，饕餮正面在构图设计上所占比例增加，双龙所占比例偏小，尤其是饕餮双目巨大而凸显。其二，饕餮的双角显得狭小，且设计在饕餮双目外眼角的上方。其三，饕餮的阔口显得左右宽平、上下狭窄，失去了龇牙咧嘴的狰狞神态。其四，双龙身躯虽然整体相连，但在饕餮唇边转折处与其尾部的相接关系不再明显。同时，双龙的头、颈及身躯表现得简洁写意。此类纹饰也见粗犷朴厚者，也见清整秀丽者。（图 2-1-54、图 2-1-55、图 2-1-56、图 2-1-57、图 2-1-58、图 2-1-59、图 2-1-60）

图 2-1-54　双龙背项饕餮纹Ⅺ式

图 2-1-55　双龙背项饕餮纹Ⅺ式

图 2-1-56　双龙背项饕餮纹Ⅺ式

图 2-1-57　双龙背项饕餮纹Ⅺ式

图 2-1-58　双龙背项饕餮纹Ⅺ式

图 2-1-59　双龙背项饕餮纹Ⅺ式

图 2-1-60　双龙背项饕餮纹Ⅺ式

Ⅻ式：纹饰构图总体与Ⅰ式有大体相同之处，虽然由盘曲饕餮面像和盘曲的双龙构成，但无论是饕餮面像还是双龙身躯形象，都发生了较大变化。先看饕餮面像，最明显之处是代表饕餮双角的“朵云纹”不再显现，这一部位空间被双龙的头部占用。再看双龙形象变化，一是头部，垂形背项，转首向外，张口瞪目。角部在上，且向内再向上伸展。二是身躯，因为舍去了饕餮双角，故身躯直接向下弯转再向外翻转。三是双龙尾部向下向内回卷，蜷曲在当面两下角。最后，饕餮面像和双龙身躯之间没有了交叉、叠压的多维空间关系，别有一番意味和情趣。（图 2-1-61）

图 2-1-61　双龙背项饕餮纹Ⅻ式

ⅩⅢ式：此式根据双龙背项特征，故暂列此类。此种纹饰构图，当面除饕餮双目、鼻梁和阔口较易辨别外，当面正中顶部双龙头部背项朝外，竖耳张口形象亦较明晰可识。其他头部纹饰及其脉里变化尚不明确。（图 2-1-62）

图 2-1-62　双龙背项饕餮纹ⅩⅢ式

2. 双龙背项抵角饕餮纹

整体纹饰是由饕餮正面头像和两条身躯盘曲、背项抵角的龙构成。饕餮双目突出呈椭圆形，鼻梁以一纵向短凸线表示，饕餮阔口卷唇，双角从额中相连，分别向左右伸展至当面边沿。双龙前爪各自从当面正中两侧扬起相连，双龙长颈自当面颈部向下，向外背项弯曲，首面向外，目瞪口张，以角相抵，双龙的首、颈和前爪部分形成饕餮的额梁。双龙身躯自前爪后部分各自向外、向下，再向外，从饕餮的角下穿过至口角处，再向外翻卷，尾部蜷曲于饕餮巨口两侧，即当面两下角，后足已不再具体显示。饕餮从额中部分相连外伸的双角，与双龙身躯交叉叠压，双龙身在下，饕餮角在上；与双龙首交叉叠压，双龙首在上，饕餮角在下，构图巧妙至极。双龙身躯转折处和饕餮角、口的局部皆饰以旋状

纹。(图 2-1-63、图 2-1-64、图 2-1-65、图 2-1-66、图 2-1-67)

图 2-1-63　双龙背项抵角饕餮纹

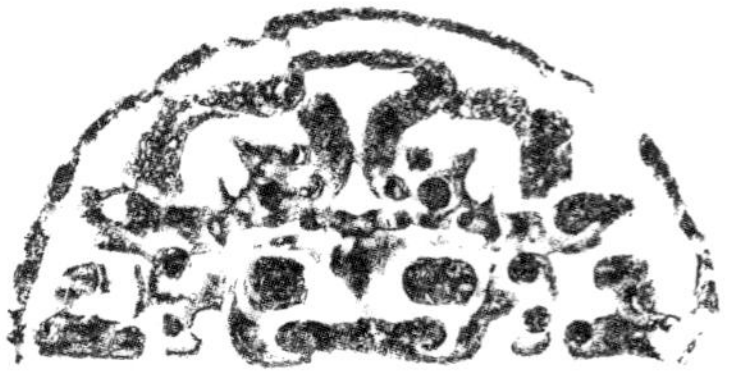

图 2-1-64　双龙背项抵角饕餮纹

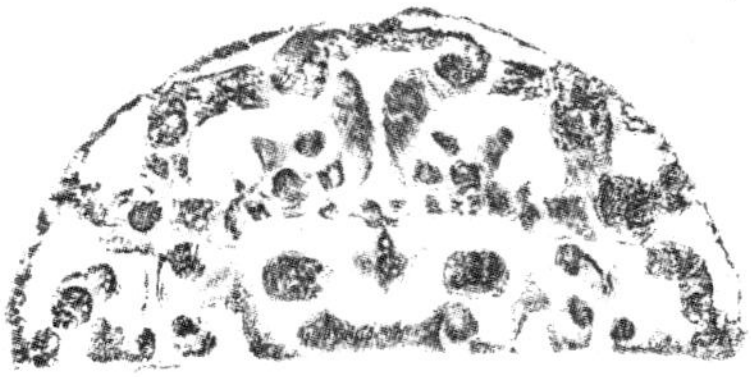

图 2-1-65　双龙背项抵角饕餮纹

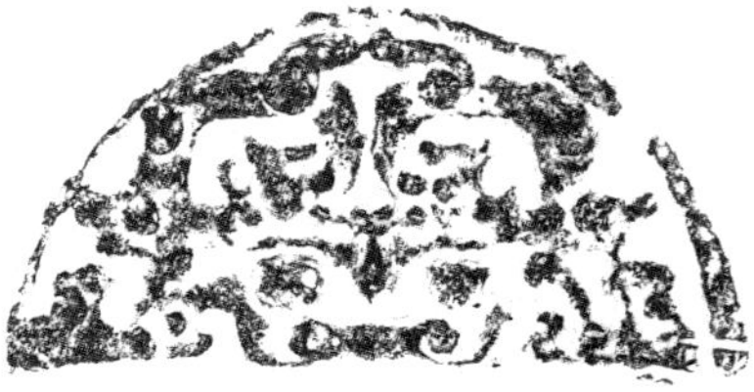

图 2-1-66　双龙背项抵角饕餮纹

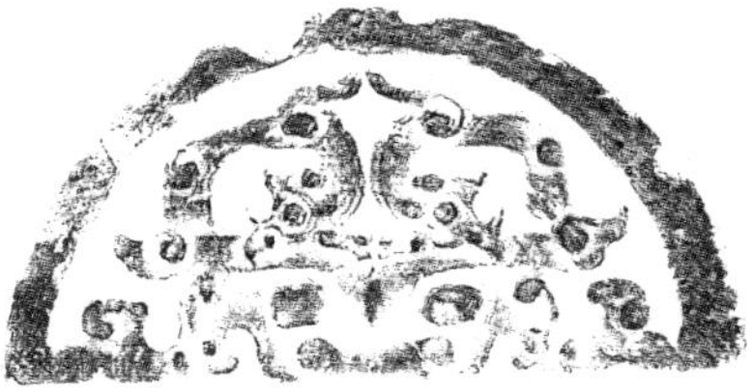

图 2-1-67　双龙背项抵角饕餮纹

3. 双龙背身俯首饕餮纹

整体纹饰虽然亦由正面饕餮头像与盘曲的双龙叠压构成，但双龙身躯造型发生了很大变化。当面中部正面饕餮头像的双目凸起圆瞪，二目中间一条短纵向凸线为饕餮的鼻梁，饕餮鼻宽口阔，口角唇边向上，向外翻卷，额上羊角纹为其双角。左右两部分为与正面饕餮交织在一起的背身俯首双龙纹，其中当面两外下角部分分别为双龙的头部，面向外，张口獠牙，目圆瞪，角上伸且向外盘曲，双龙的身躯，由颈至尾，分别从饕餮口中穿过，顺饕餮双目内眶、上眶盘曲，再向上、向中顶部盘曲，最后尾部向外翻转。双龙整体身躯呈相背对称形，龙身转折处再着如意卷云纹，亦为龙翅之意。整体纹饰刻画精细，交融无隙，浑然一体，以穿叉、叠压的交织构图，形成多维空间的艺术效果，极显商

周时期青铜纹饰的浓郁气息。（图 2-1-68）

图 2-1-68 双龙背身俯首饕餮纹

4. 双龙背身仰首饕餮纹

整体纹饰虽然亦是由正面饕餮头像和盘曲的双龙构成，但饕餮面目和双龙身躯的盘曲皆发生了较大变化。当面中部为正面饕餮头像，二目圆瞪，鼻宽口阔，眼眉内端相连。左右两部分分别为沿当面弧线盘曲的双龙，当面两下角为双龙仰面朝上的头部，张口、竖角、瞪目。双龙身躯由颈部开始从正面饕餮口里穿过，大部分身躯藏匿于饕餮口、鼻、目、眉的底后，再从饕餮眉的上部穿出，其后爪蟠于当面顶端部位，双龙后半身再分别向外、向下，再向外盘曲，最后向上弯曲，龙尾上卷处与龙口相交。龙身再着如意勾云纹，当面亦呈现出交织、穿叉、叠压多维空间艺术效果，其商周时期玉器纹饰气息艺术效果明显。（图 2-1-69、图 2-1-70）

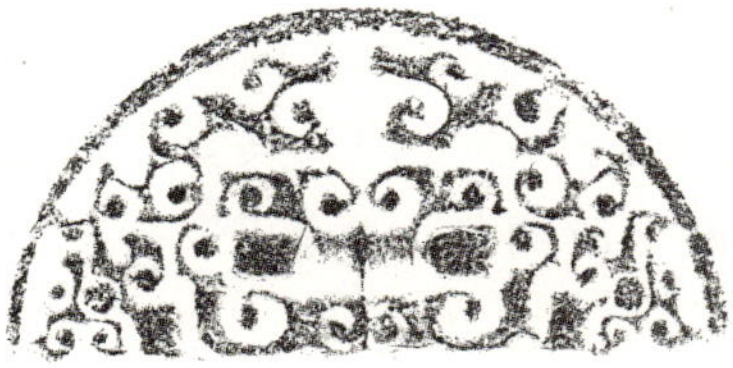

图 2-1-69 双龙背身仰首饕餮纹

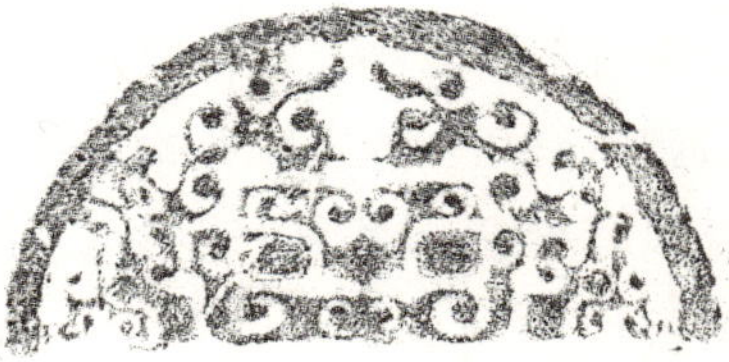

图 2-1-70 双龙背身仰首饕餮纹

（二）卷云饕餮纹

此类纹饰以正面饕餮为主，再辅以卷云纹。对于这些卷云纹来说，在整体纹饰图案中与正面饕餮的关系肯定不是割裂的，而是有机统一的。但目前我们对其内在的关联尚不清晰，也只能沿袭前人说法，把这些形似卷云状的纹饰暂时称为卷云纹。此类纹饰按细部纹饰变化可分为 11 式。

Ⅰ式：当面正中两侧饕餮双目清晰突显，呈平椭圆形，双目上两朵如意卷云纹为其双角，双目中间亦即当面中心以一条竖凸线作为饕餮的鼻梁，饕餮的鼻端、阔口依稀可识，当面上部正中施以两朵卷云纹，形成饕餮的额梁，饕餮的鼻、口、双目内外以及当面两下角部位，皆饰以卷云纹。此类纹饰遵循严格的中轴对称构图原则，整体纹饰以中间长竖凸线为准绳，似为两兽侧面相对，又构成一个饕餮正面头像，其商周青铜器意蕴十足。（图 2-1-71、图 2-1-72、图 2-1-73）

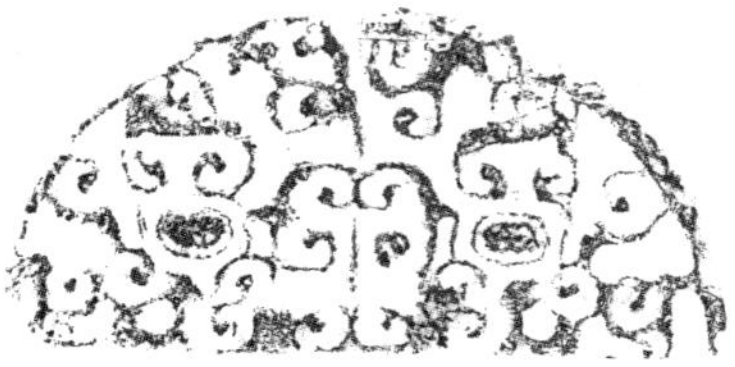

图 2-1-71　卷云饕餮纹Ⅰ式

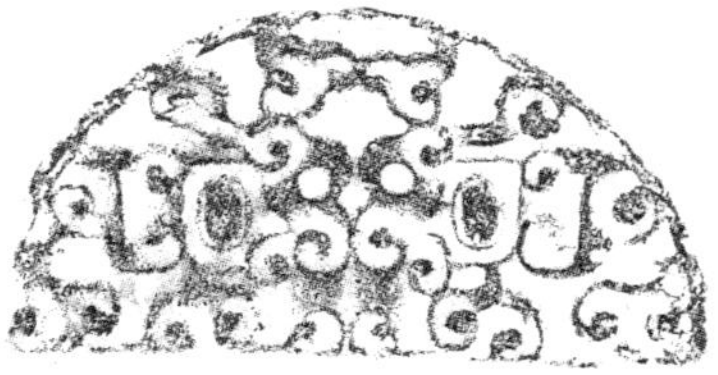

图 2-1-72　卷云饕餮纹Ⅰ式

图 2-1-73　卷云饕餮纹Ⅰ式

Ⅱ式：饕餮双目较小，双目上部如意形朵云纹为其双角，鼻梁以竖凸线表示，饕餮口阔，唇角斜翘，额头饰以两朵卷云纹，整体纹饰极具威严之态，也可以看作是以鼻梁纵凸线为中心左右对称的两个侧面兽。（图 2-1-74、图 2-1-75、图 2-1-76）

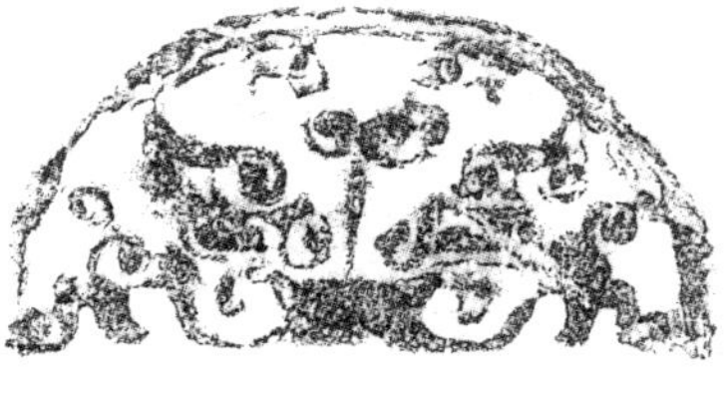

图 2-1-74　卷云饕餮纹Ⅱ式

图 2-1-75　卷云饕餮纹Ⅱ式

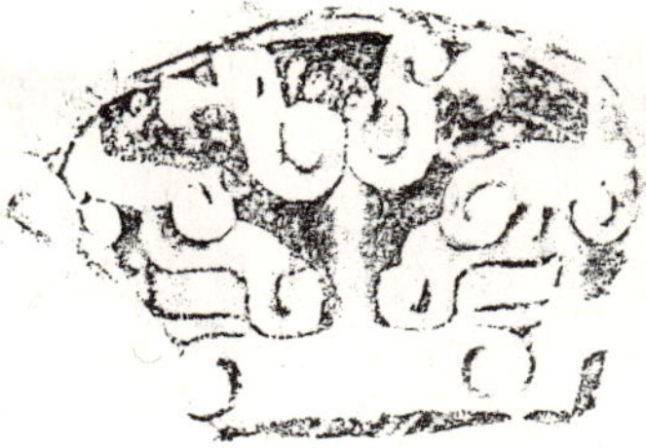

图 2-1-76　卷云饕餮纹Ⅱ式

Ⅲ式：饕餮双目圆睁，外有一周凸线做眼眶，眼上两如意形朵云纹为其双角，以一纵凸线为鼻梁，饕餮宽鼻、阔口，鼻端、口唇均以卷云纹组成，整体纹饰均匀，清晰、精美，饕餮面相突显，而卷云纹略显淡化。（图 2-1-77、图 2-1-78、图 2-1-79）

图 2-1-77　卷云饕餮纹Ⅲ式

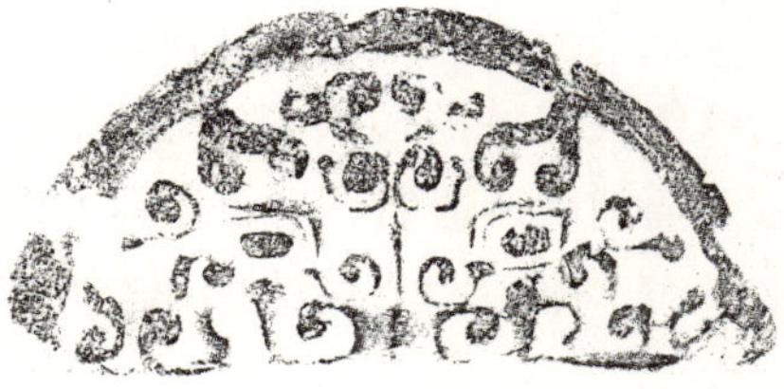

图 2-1-78　卷云饕餮纹Ⅲ式

图 2-1-79　卷云饕餮纹Ⅲ式

Ⅳ式：饕餮的额中、眉上、鼻端、口角及当面两下角均饰以卷云纹，饕餮双目圆睁，外有一周凸线做眼眶，其双角从二目内眶向上、向外，再向上，与当面两侧边缘的卷云纹叠压交叉，以一条纵脊线表示饕餮鼻梁，鼻宽而口阔。（图 2-1-80、图 2-1-81、图 2-1-82）

图 2-1-80　卷云饕餮纹Ⅳ式

图 2-1-81　卷云饕餮纹Ⅳ式

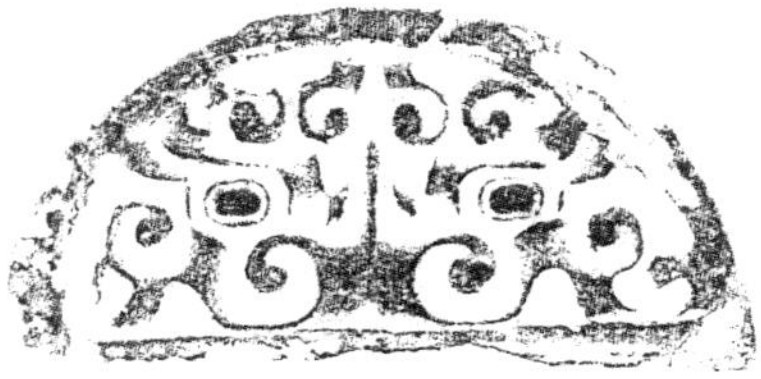
图 2-1-82　卷云饕餮纹Ⅳ式

Ⅴ式：与Ⅰ式相比，显得简练、明晰一些，亦不再似左右两侧两兽相对，卷云纹组成饕餮的额头、口角及面庞，饕餮双目呈平椭圆形，短鼻梁，鼻宽。眼眶及眉间简括清朗，当面充满了狰狞气息。（图 2-1-83、图 2-1-84、图 2-1-85、图 2-1-86、图 2-1-87、图 2-1-88、图 2-1-89、图 2-1-90）

图 2-1-83　卷云饕餮纹Ⅴ式

图 2-1-84　卷云饕餮纹Ⅴ式

图 2-1-85　卷云饕餮纹Ⅴ式

图 2-1-86　卷云饕餮纹Ⅴ式

图 2-1-87　卷云饕餮纹Ⅴ式

图 2-1-88　卷云饕餮纹Ⅴ式

图 2-1-89　卷云饕餮纹Ⅴ式

图 2-1-90　卷云饕餮纹Ⅴ式

Ⅵ式：饕餮双目呈平椭圆形，在整体纹饰中较为凸显，鼻、口、额头均以卷云纹组成，当面上部正中部位即饕餮额头稍显空朗外，其余大部极其繁缛饱满，尤其是饕餮的阔口、圆目，极具夸张之势。（图 2-1-91、图 2-1-92、图 2-1-93、图 2-1-94、图 2-1-95、图 2-1-96、图 2-1-97）

图 2-1-91　卷云饕餮纹Ⅵ式

图 2-1-92　卷云饕餮纹Ⅵ式

图 2-1-93　卷云饕餮纹Ⅵ式

图 2-1-94　卷云饕餮纹Ⅵ式

图 2-1-95　卷云饕餮纹Ⅵ式

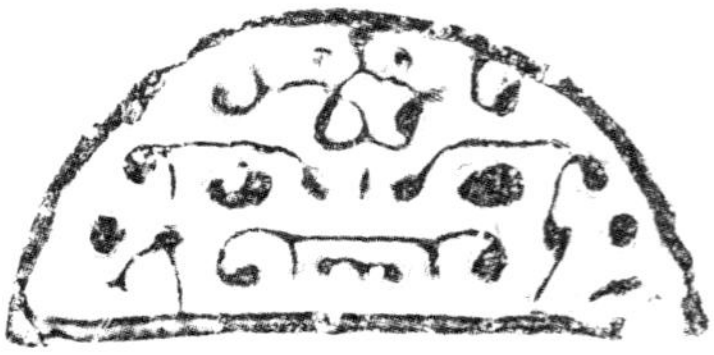

图 2-1-96　卷云饕餮纹Ⅵ式

图 2-1-97　卷云饕餮纹Ⅵ式

Ⅶ式：纹饰与Ⅵ式基本相同，唯在饕餮双目外上眼角，即当面中部边缘处的卷云纹更加简洁写意，整体纹饰显得清晰突显，纤劲秀丽。此类纹饰也见饕餮双目呈菱形者外，也见饕餮双目靠上，而双目下的面部、口部即当面下半部分纹饰比较复杂者。（图 2-1-98、图 2-1-99、图 2-1-100）

图 2-1-98　卷云饕餮纹Ⅶ式

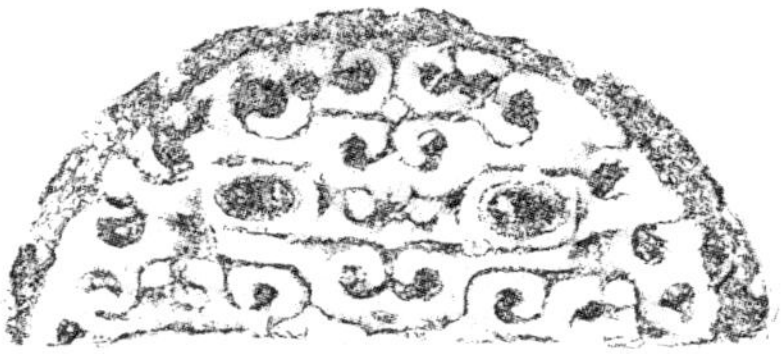

图 2-1-99　卷云饕餮纹Ⅶ式

图 2-1-100　卷云饕餮纹Ⅶ式

Ⅷ式：此类纹饰在Ⅴ式的基础上变形较大，饕餮的双目以凸点线表示，较小且亦不再呈圆睁状，额头、口、鼻、面庞均以卷云纹表示，整体纹饰皆以单

线勾勒而成，显得更加率真抽象，简洁清朗。（图 2-1-101、图 2-1-102）

图 2-1-101 卷云饕餮纹Ⅷ式

图 2-1-102 卷云饕餮纹Ⅷ式

Ⅸ式：此类纹饰饕餮口阔，口唇翻卷，口唇中部上至鼻端、鼻梁皆饰卷云纹，饕餮额头即当面中顶部分的卷云纹显得极为简练。除饕餮双目外，当面卷云纹似有交织、叠压之感，好像有双龙身躯线条盘结意味。（图 2-1-103）

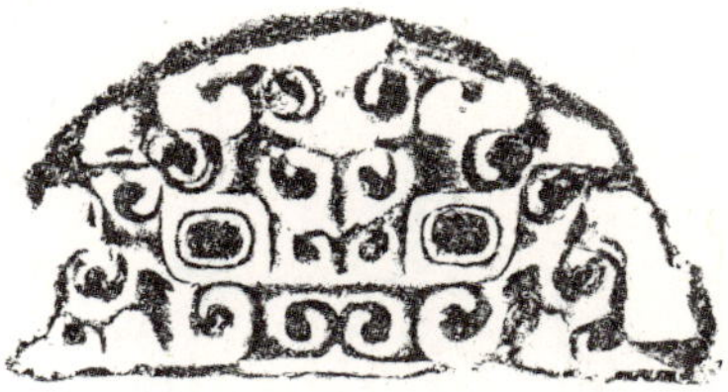

图 2-1-103 卷云饕餮纹Ⅸ式

Ⅹ式：此类纹饰直观感觉似为卷云饕餮纹，饕餮的额梁及左右两侧均饰以卷云纹，口亦由卷云纹组成，饕餮的双目较近，呈斜竖目，以一条细长的凸线做鼻梁，但饕餮的双目、口、鼻和角的特征均不明显，卷云纹特征却十分明显（图 2-1-104）。

图 2-1-104 卷云饕餮纹Ⅹ式

Ⅺ式：此类纹饰直观上看多由卷云纹构成，饕餮面像不十分明显，其双目、

口、鼻和角的特征不易辨析，似为动物或龙纹躯体盘结，并与卷云纹交织。（图 2-1-105）

图 2-1-105　卷云饕餮纹Ⅺ式

（三）饕餮面纹

此类纹饰下半部分饕餮面像特征突显，其双目、宽鼻和阔口特征明晰可辨，其他大部分纹饰似为动物躯体的盘结，具体文理脉络尚不清楚，故暂划归为饕餮面纹一类。（图 2-1-106）

图 2-1-106　饕餮面纹

（四）三角双螭饕餮纹

此类纹饰的特点在于以当面正中顶部为上端，以下面两下角部位为下端，构成明显的等腰三角形，在三角形中间及下边线中端饰以饕餮面像，再巧妙地辅以背身回首双螭纹，在突出饕餮双目的同时，整个当面的构图设计显得十分巧妙完美。（图 2-1-107、图 2-1-108、图 2-1-109、图 2-1-110）

图 2-1-107　三角双螭饕餮纹

图 2-1-108　三角双螭饕餮纹

图 2-1-109　三角双螭饕餮纹

图 2-1-110　三角双螭饕餮纹

（五）独兽卷云饕餮纹

此类纹饰当面突出饕餮面像，呈凸椭圆形，且饕餮双目巨大而突显，双目中间鼻状特征明显，并以两条短凸线表示口须，口的左右分别饰以卷云纹，以示翻卷的口唇。当面正中上部是一兽，由于瓦当残损，断去兽的头部和前足，故不能具体判断为何种兽。兽的上端正中缀有倒凸三角状纹饰，饕餮双目左右两侧与当面边轮间各饰一卷云纹。（图 2-1-111）

图 2-1-111　独兽卷云饕餮纹

（六）四兽饕餮纹

此类纹饰由当面正中的饕餮面像和上端左右对称的四兽构成，饕餮双目大而突显，双目内上角似有“Λ”纹相连，中间一纵凸线表示饕餮鼻梁，双目下端以卷云纹表示饕餮的口。饕餮双目上端两兽呈卧状，曲颈回首相背，张口竖耳，兽身蜷曲而成卷云状，又做饕餮的双角，两兽颈背之间似以“Λ”纹相连，与下端“Λ”纹上下并列。饕餮双目两侧的两兽亦呈卧状，前身向上扬起，前腿向外、向上伸张，张口竖耳，后身伏地，兽尾以变形卷云纹饰之，又做饕餮口唇。饕餮面像居中，四兽在外，纹饰替代互用，构图巧妙别致。（图 2-1-112）

图 2-1-112　四兽饕餮纹

（七）山形饕餮纹

此类纹饰当面以抽象写意的饕餮纹面像为主，在饕餮纹面像外周纹饰曲折似山形纹，故学术界多称为山形饕餮纹，笔者在分类中暂从此说，然具体沿革演变，后边章节另行讨论。饕餮的双目微下垂，略呈椭圆形，外有一周凸线做眼眶，饕餮阔口由卷云纹组成，口的上端至双目间饰一条纵凸线以做饕餮鼻梁。由两条单凸线自当面上端中央相连，然后左右对称拐折成山形状，两边回曲，呈梯形止于当面两下角，山形拐折与边轮之间的空白处，再饰以凸三角纹。此类纹饰瓦当纹饰写意抽象，没有多大细微变化，饕餮面像尤为夸张。（图 2-1-113、图 2-1-114、图 2-1-115、图 2-1-116、图 2-1-117、图 2-1-118、图 2-1-119、图 2-1-120、图 2-1-121、图 2-1-122、图 2-12-123）

图 2-1-113　山形饕餮纹

图 2-1-114　山形饕餮纹

图 2-1-115　山形饕餮纹

图 2-1-116　山形饕餮纹

图 2-1-117　山形饕餮纹

图 2-1-118　山形饕餮纹

图 2-1-119　山形饕餮纹

图 2-1-120　山形饕餮纹

图 2-1-121　山形饕餮纹

图 2-1-122　山形饕餮纹

图 2-1-123　山形饕餮纹

（八）山形花卉饕餮纹

此类纹饰似乎仍在突出饕餮面像，但已趋于图案化，除饕餮的双目还具象一些，其余如口、鼻、额头等部分都趋于图案艺术，如饕餮口唇以花卉纹饰之，恰似一朵含苞待放的花蕾，从口的正中向上一直到额头，依次排列近似山形的纹饰，当面上部两端还饰以卷云纹，故称山形花卉饕餮纹。（图 2-1-124、图 2-1-125）

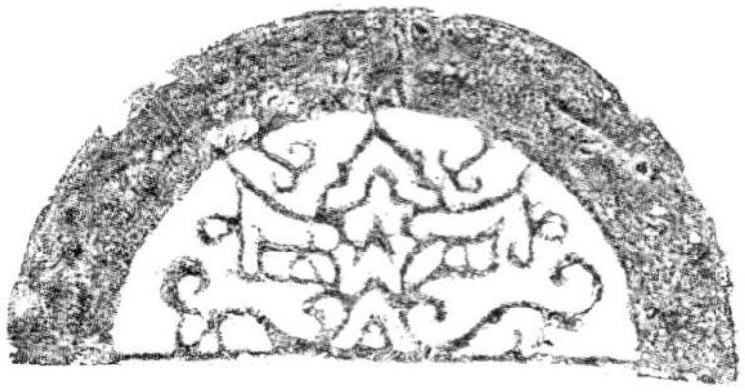

图 2-1-124 山形花卉饕餮纹

图 2-1-125 山形花卉饕餮纹

（九）山珠花卉饕餮纹

此类纹饰与山形花卉饕餮纹大体相似，只是饕餮从口至鼻再至额头中间的那些山形纹不见了，在饕餮额头的一个单层山形纹里边饰一空心圆珠纹，故称山珠花卉饕餮纹。（图 2-1-126、图 2-1-127、图 2-1-128）

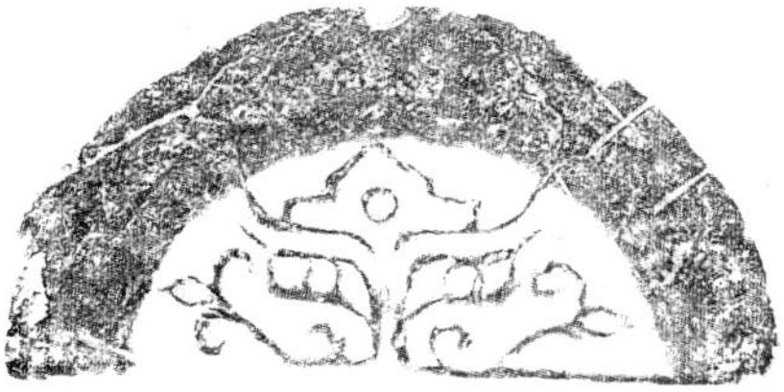

图 2-1-126 山珠花卉饕餮纹

图 2-1-127 山珠花卉饕餮纹

图 2-1-128 山珠花卉饕餮纹

二、龙螭纹类

龙螭纹是指纹饰由单体龙、双龙以及龙和螭共同组合而成的纹饰图案。分述如下。

（一）独龙纹

此类纹饰为一右尾左首，侧面整身独龙的形象，曲颈垂首似以角抵物，前身伏地，后身拱起，细尾翘扬内卷，浑身蓄力，遒劲健美。从其强劲的躯体即屈腰翘尾的形象所表现出的力量和整体造型看，具有浑圆饱满而又轻捷明快的特点，给人以简括凝练的艺术感染力。（图 2-1-129、图 2-1-130）

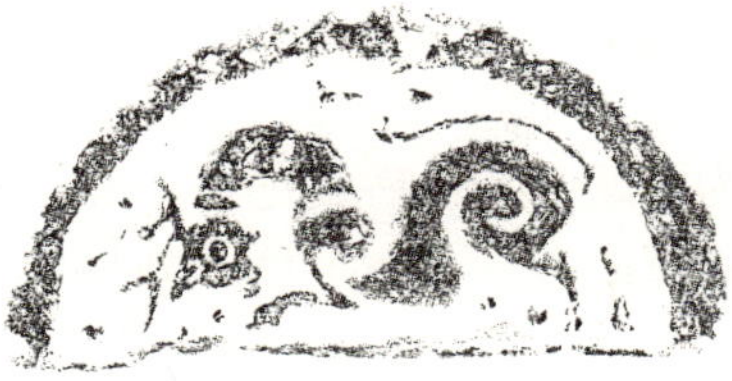

图 2-1-129　独龙纹

图 2-1-130　独龙纹

（二）双龙纹

此类纹饰为双龙曲身扬颈、张口睁目，面向而对，双龙角对峙呈抵斗状。具体形象有以下四式。

Ⅰ式：双龙角高低上下交错对峙呈抵斗状。具体形象是，后半身躯呈卧状，前半身扬起，身躯有细部花纹，后足撑地，前爪扬起相对峙，双龙角右高左低，颈上出三翅。（图 2-1-131、图 2-1-132、图 2-1-133、图 2-1-134、图 2-1-135）

图 2-1-131　双龙纹Ⅰ式

图 2-1-132　双龙纹Ⅰ式

图 2-1-133　双龙纹Ⅰ式

图 2-1-134　双龙纹Ⅰ式

图 2-1-135　双龙纹Ⅰ式

Ⅱ式：双龙身躯浑圆饱满，身躯花纹似为龙翅之意，后足撑地，前爪曲蜷，身躯呈半卧半立状，颈上出三翅伸张，其最明显特征是龙角上扬内卷相抵。（图 2-1-136、图 2-1-137）

图 2-1-136　双龙纹Ⅱ式

图 2-1-137　双龙纹Ⅱ式

Ⅲ式：此类纹饰呈双龙站立，弯颈垂首，以角相抵对斗状，双龙颈上三翅立起伸张，极具夸张之势，双龙尾内卷上扬，双龙中间下部有一凸山形纹。（图 2-1-138）

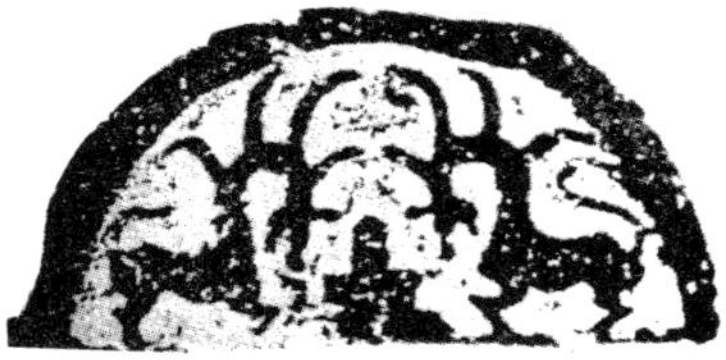

图 2-1-138　双龙纹Ⅲ式

Ⅳ式：此类纹饰较为写意，双龙扬颈昂首相向，曲身扬爪呈搏斗状，当面自上端中央向下以一纵线与一实凸圆纹相连。（图 2-1-139）

图 2-1-39　双龙纹Ⅳ式

（三）双龙双螭纹

此类纹饰以对称的双龙为主，几乎占去了当面空间的绝大部分，在双龙上边很小的空间饰以双螭纹。具体特征为双龙弯颈相向，垂首以角相抵，张口曲身，尾上扬卷曲，前爪扬起，后爪戗地，作搏斗状。双龙之上有二螭，尾里头外，螭身相背，双螭垂首弯颈，身曲尾翘，前爪抓于双龙首，后爪相连作搏斗状。此类纹饰构图设计极为巧妙。（图 2-1-140、图 2-1-141）

图 2-1-140　双龙双螭纹

图 2-1-141　双龙双螭纹

三、兽纹类

兽纹类指除了归入饕餮纹和龙螭纹以外的动物纹类，这里又分为两种：一种是介于人们想象和现实中能够见到，但又不能确指为某种具体动物的形象；另一种是在现实中既能见到，根据其特征又能确指某一种具体动物形象。分述如下。

（一）四兽纹类

此类纹饰是在当面下面较大部位饰以两只背身的大兽，身躯向外，头引项而内回。前腿伏地，首上昂，竖耳张口，尾上扬内卷，与首呼应。兽身有翅，前后胯部有阴刻旋纹。上为两只小兽，身内向，头引项外回，张口竖耳，后足与下边兽的头部相连。四兽左右相呼，上下关联。根据下面两只大兽身上生翅的特征，似可看成神兽，为龙的一种表现形象。上面两只小兽略去前足，只有后足的特征，亦可认为是神兽中螭的形象，从而亦可命名为龙螭纹，这是其一（图 2-1-142）。其二，此类纹饰亦由上下两兽构成，下面为两只相背回首对称大兽，兽身向外，头引项内回。前腿伏地，首上昂，耳竖口张，尾翘内卷，与首呼应。上面为两只小兽，身内向，头引项外回，张口竖耳，整体纹饰趋于图案化。此类四兽纹中，表现的皆为兽纹，未辅有其他纹饰，故在分类中排列在双兽纹的前边。（图 2-1-143）

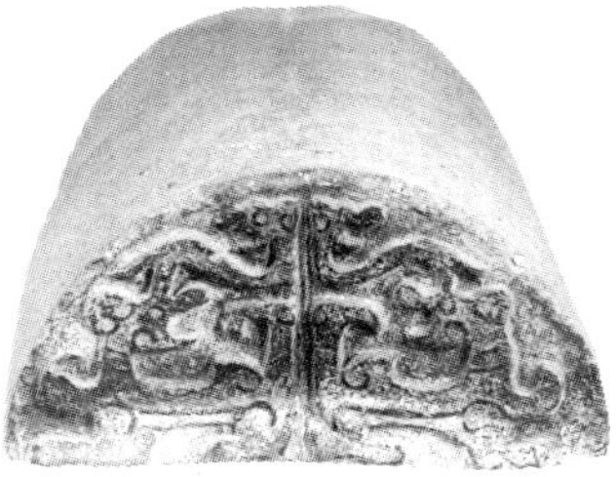

图 2-1-142　四兽纹

图 2-1-143　四兽纹

（二）双兽纹类

在此类纹饰中，有些兽类中的动物形象神态怪异，为现实生活中没有的动物，有的则为现实生活中所能见到的动物形象，有的则在当面整体构图中似乎还保留着卷云纹和饕餮纹的遗意。分述如下。

Ⅰ式：此类纹饰在当面正中饰以从顶端至底端的纵凸线纹，将当面分为左右两部分，在下部正中和顶部正中各施一卷云纹，在下部卷云纹的上端左右各饰一凸圆纹。当面两部分饰以面向而对的两兽，双兽身躯雄壮圆浑，简括写意，后足撑立，细尾下垂，拖地内卷；上身扬起，前足伸展下卷，颈上竖昂首，张口竖耳，双兽呈对峙状。从双兽的造型特征看，较为怪异，从双兽身躯细尾纹饰特征看，似有不对称之处，故引起右雄左雌或龙凤对峙之猜。按照燕下都瓦当纹饰构图左右对称的原理，实则还应是双兽，只是左右两兽身躯细部纹饰失去了准确严格的对称性。双兽身躯背后的空白处饰以卷云纹，如果将当面下部卷云纹视为饕餮阔口，其上边左右的凸圆纹视为饕餮的双目，当面上端的卷云纹视为饕餮的额头，而中间纵凸线视为饕餮的鼻梁，那么，当面在突出双兽的同时，仍隐含着卷云饕餮纹的遗意。（图 2-1-144、图 2-1-145、图 2-1-146）

图 2-1-144　双兽纹Ⅰ式

图 2-1-145　双兽纹Ⅰ式

图 2-1-146　双兽纹Ⅰ式

Ⅱ式：此类纹饰中的双兽形象亦较怪异，似为对向站立、扬颈昂首、张口对峙，其造型抽象写意、简括夸张。其他辅助纹饰虽不能具体阐释，但亦似有卷云饕餮纹的遗意。(图 2-1-147)

图 2-1-147　双兽纹Ⅱ式

Ⅲ式：此类纹饰似乎突出表现双兽，但还保留着卷云饕餮纹的遗意。当面正中似为勾云纹，上面似为饕餮的额头，下部似为饕餮的鼻梁和鼻端，具有饕餮遗意的双目，还有双兽被左右分开，双兽前肢伸展，曲身耸腰，长尾垂地，颈上扬，张口竖耳，对向呼叫，兽形似狼。(图 2-1-148、图 2-1-149)

图 2-1-148 双兽纹Ⅲ式

图 2-1-149 双兽纹Ⅲ式

Ⅳ式：此类纹饰内由对峙双兽与勾云纹组成，兽的整体形象极其简括写意，双兽引颈弯曲向上，面相对，张口竖耳，兽身呈倾斜站立状，前低后高，长尾向下、向内卷曲。兽的整体形象似在现实生活中能见到的狼犬一类，又有商周青铜器上夔龙纹的遗意。当面上部正中和边缘中部以及两下角等部位饰有勾云纹。（图 2-1-150）

图 2-1-150 双兽纹Ⅳ式

Ⅴ式：此类纹饰根据燕下都瓦当构图中轴对称原理推断，应为树木卷云双兽纹。正中饰以树状纹，两侧各饰一前肢扬起、曲身翘尾、扬颈昂首、张口竖耳、对向而吠的双兽，根据兽的具体形象特征，可称为犬。当面左右两边中间饰有卷云纹。（图 2-1-151）

图 2-1-151 双兽纹Ⅴ式

Ⅵ式：此类纹饰亦应为勾云双兽纹，兽呈站立状，颈部似有一绳被系于当面中间的物体上，目圆瞪、口张、角竖，尾部似乎不显现，躯体饰曲线纹以表皮毛纹理特征，兽似鹿，边轮内缘中下部饰有单向勾云纹，其突出特征是鹿身躯下部即当面中下部两端饰有平椭圆形，似为饕餮遗意的双目，且外有一周凸线纹饰做眼眶。（图 2-1-152）

图 2-1-152　双兽纹Ⅵ式

四、山云纹类

此类纹饰以山形纹为主体，山形层叠与拐折多少不等，山形纹与边轮之间缀以勾云纹，勾云纹也多有变化。此类纹饰亦多见在山形纹内饰以变化多样的人形纹、圆形纹和方凸状纹等。多见宽边轮，有的在边轮上饰以几何纹或旋纹。此类纹饰瓦当在燕下都瓦当中数量较大，为第二大类主体纹饰。（图 2-1-153、图 2-1-154、图 2-1-155、图 2-1-156、图 2-1-157、图 2-1-158、图 2-1-159、图 2-1-160、图 2-1-161、图 2-1-162、图 2-1-163、图 2-1-164、图 2-1-165、图 2-1-166、图 2-1-167、图 2-1-168、图 2-1-169、图 2-1-170、图 2-1-171、图 2-1-172、图 2-1-173、图 2-1-174）

图 2-1-153　山云纹

图 2-1-154　山云纹

图 2-1-155　山云纹

图 2-1-156　山云纹

图 2-1-157　山云纹

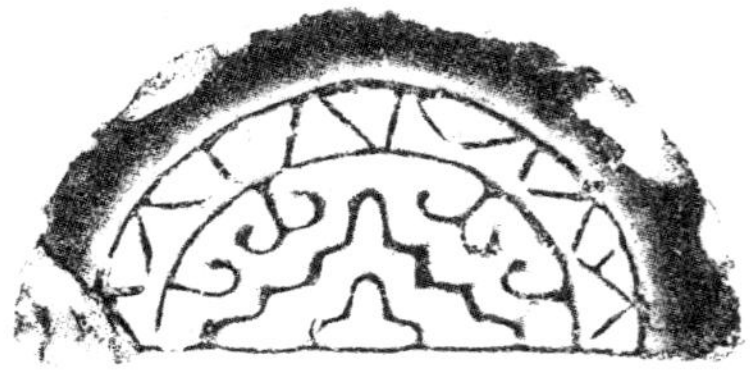

图 2-1-158　山云纹

图 2-1-159　山云纹

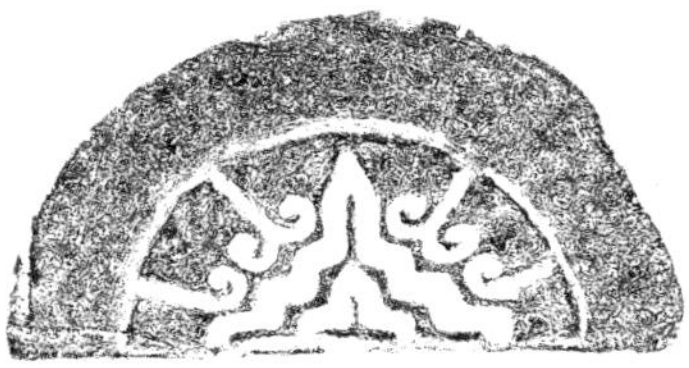

图 2-1-160　山云纹

图 2-1-161　山云纹

图 2-1-162　山云纹

图 2-1-163　山云纹

图 2-1-164　山云纹

图 2-1-165　山云纹

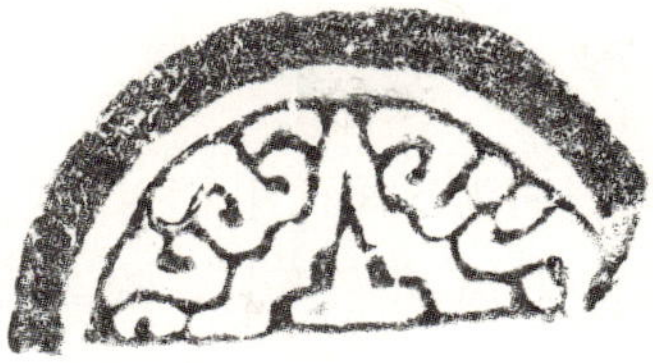

图 2-1-166　山云纹

图 2-1-167　山云纹

图 2-1-168　山云纹

图 2-1-169　山云纹

图 2-1-170　山云纹

图 2-1-171　山云纹

图 2-1-172　山云纹

图 2-1-173　山云纹

图 2-1-174　山云纹

五、双凤纹类

此类纹饰当面为双凤面里相对峙，振翅张口作啄斗状。双凤下面正中有一朵“云头”纹，双凤动感极强，极其夸张。（图 2-1-175、图 2-1-176、图 2-1-177）

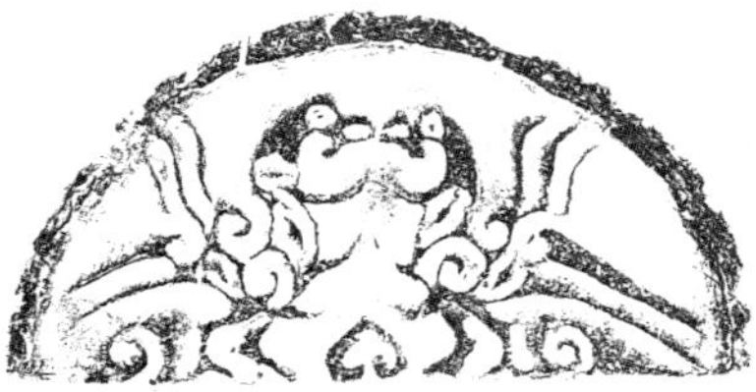

图 2-1-175　双凤纹

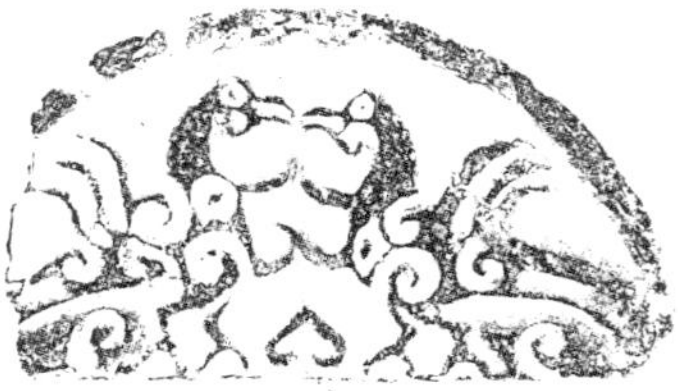

图 2-1-176　双凤纹

图 2-1-177　双凤纹

六、双鸟纹类

此类纹饰为两鸟相对呈站立状，口微张，中部勾云纹将两鸟分开，边缘上部及左右两下角缀有卷云纹，双鸟两足的左右两侧饰有双目纹，中间饰有鼻状纹，似是仍保留着饕餮纹的遗意。鸟似鸽。（图 2-1-178）

图 2-1-178　双鸟纹

七、树木卷云纹类

此类纹饰当面正中有两道自下而上向左右两侧弯转，至边缘中部再翻转向下、向内回卷的卷云纹。在当面上部中央部位和卷云纹下侧有三树状纹，两卷云纹将三树状纹分开。当面左右两下角部位饰有斜凸线组成的圆锥体状图案，似为现实生活中的堆积物。（图 2-1-179）

图 2-1-179　树木卷云纹

八、草叶卷云纹类

此类纹饰当面半圆正中部位的小半圆中，饰以两片草叶纹，外围大部分空间，即在二等分的两个扇形中，饰以相同的卷云纹。（图 2-1-180）

图 2-1-180　草叶卷云纹

九、棱状纹类

此类纹饰当面以 5 条等距纵凸线和 4 条斜凸线交叉，形成若干个呈右上左下的棱状纹，在棱状的网格中，又饰以与之平行的实凸棱状纹。（图 2-1-181）

图 2-1-181　棱状纹

十、窗棂纹类

此类纹饰当面以粗细不同、长短不同、方向不同的凸线连接而成，状似窗棂，看似错综复杂，实则亦有纹理变化规律可循。（图 2-1-182）

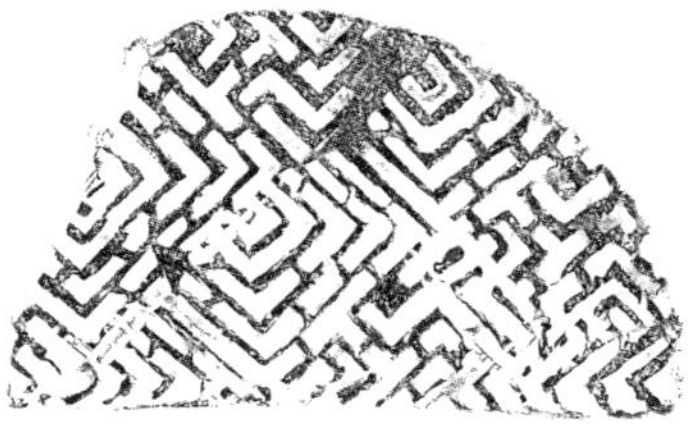

图 2-1-182　窗棂纹

十一、几何凸线纹类

此类纹饰以单凸线在当面按照一定的规律盘结，交织成几何图形，下宽上窄，似为祭坛，使当面呈现出一定的神秘色彩，其确切的内在含义有待进一步考证。（图 2-1-183）

图 2-1-183　几何凸线纹

十二、建筑物状纹类

此类纹饰当面主体纹饰似为建筑物支撑构架形状，上为屋顶，下为台基，当面两侧纹饰尚不清楚具体含义。以上亦只为猜测，有待深入考证。（图 2-1-184）

图 2-1-184　建筑物状纹

十三、人面纹类

此类纹饰似人面，双目内低外高斜翘，外有一周凸线做眼眶，额和鼻梁相接，长弯眉与双目平行，以七条短凸线做胡须，亦有代口之意，口两侧平伸二长横状似亦做胡须，当面两下角各饰一凸横点状纹。（图 2-1-185）

图 2-1-185　人面纹

十四、夔凤纹类

此类纹饰由于当面纹饰局部擦损，不易辨识和给予合适的命名与释义，但因纹饰特征与秦夔凤纹瓦当有些相似之处，故暂命名为夔凤纹，单划分为一类置于最后，待考证清楚准确后再具体归类。（图 2-1-186）

图 2-1-186　夔凤纹

当我们的纹饰分类工作结束的时候，要补充说明的是，除饕餮纹外，我们对龙螭纹的分类，偏重于对商周青铜器上龙螭纹的沿袭，同时亦认为龙螭不属于现实生活中能见到的动物。在兽类纹中又把兽类分为带有神秘色彩的神怪之兽和现实生活中能见到的具象兽类，如把双兽纹、四兽纹和勾云双兽纹中的兽归于前者；而把那些兽似狼、兽似犬和兽似鹿的兽类归为后者。另外，我们根据一些动物纹的特征形象，在对具有突出特征的动物纹的分类中有着自己的看法，如把被以往学者、专家命名的双鹿纹，由于项上出翅的特征和整体形象与双龙相同的特征，归入了双龙纹一类，而未划为双鹿纹一类。总之，对于动物纹或曰兽纹中的龙、螭、鹿、狼、犬等纹饰，只不过是对某种动物形象的暂时称谓，并没有明确地认定就是某种兽，而是像某种兽，做到严格无误的确定是非常困难的。随着以后不断深入的研究考证，总是能够接近或正确反映那个时代刻画的真实的动物或曰具体兽类。

在龙螭纹类的划分上，我们将以往纹饰分类中的独龙纹、双龙纹和双龙双螭纹并入一类，亦未单独划分双鹿纹。另外，将以往纹饰分类中的山形纹列入山云纹一类而未单独分类。双狼、双犬和双鹿等亦都归于双兽纹。这样，以前我们所说的燕下都瓦当近 20 个种类，在这里划分为 14 个大类。

第二节　燕下都瓦当的纹饰题材

在对燕下都瓦当进行了分类阐释之后，不难看出，其纹饰种类丰富、变化多样。从其内容题材来看，很多纹饰种类与商周青铜器纹饰有着某种直接或间接的关系，表现的多是非现实生活题材，亦即人们意识或想象中的神怪之物，而以描绘现实生活中的人物、动物或植物为题材的极为少见。另外，少见一些几何纹饰图案，这一类题材虽然与现实生活距离较近，但依然具有抹之不去的神秘色彩。关于表现非现实生活题材，可以分为承袭商周青铜器纹饰风格含有饕餮纹饰的图像类和抽象写意图像类，不含饕餮纹饰的图像类、图案类，以及图像与图案结合类。这里首先说明的是，对于燕下都瓦当上的各类纹饰题材，从严格意义上来说，其纹样或图形，都具备结构整齐、匀称、协调、和谐的装饰意味，使用在宫殿等建筑物的屋顶脊部和檐前，起装饰作用，其当面纹样构图都应称为图案。我们在分析研究中，只是把那些具有明显的动物、植物和自然物象中某种形象特征的图案称为图像类，把那些抽象写意了的不含动物、植物和某种物象特征的纹饰称为图案类。是否合理妥当，有待于专家、学者指导校正，以便我们在日后研究中不断完善、改进。

一、含有饕餮纹饰的图像类

从数量上看，燕下都瓦当百分之九十以上是表现饕餮纹饰或是由其演变而成的纹饰。其一方面直接吸收了商周青铜器纹饰的艺术风格，一方面又融入了鲜明的北方地域文化特征。尤其是那些各式双龙饕餮纹饰和卷云饕餮纹，还有那些独龙纹、双龙纹、双龙双螭纹和怪兽纹，在现实生活中和自然物象中并不存在与之对应的动物，而是为维护统治阶级权力、地位和利益而塑造出的、人们想象中的威严和神秘的动物形象。

以双兽构成饕餮的母题，在商周青铜器上是很普遍的。或是双兽相对，中间设计成一个兽面；或侧形的左兽和右兽相对，左兽的右眼和右兽的左眼构成正面饕餮的双目，加之侧兽的“角”“口”“眉”等其他细部纹饰，就组成了一个完整的正面饕餮面像。有很多青铜器还借助了“三分面”中的“扉棱”或纵凸线做鼻，使得饕餮正面图像中的目、口、鼻、眉、角特征完整，形象更加突显。在燕下都半瓦当中，早期即春秋中晚期出现的卷云饕餮纹构图，承袭上述青铜器饕餮纹构图的特征就十分明显。而在“双龙背项饕餮纹”中，双龙纹和饕餮纹各自独立表现而又交织在一起。双龙充满了灵活的写实意味，在整个当面中的位置显赫，似乎占据着主要地位。正面饕餮的双角变成了“如意”朵云纹，亦没再设计饕餮的双眉，饕餮的双目和宽鼻、阔口依旧突显。从总体感觉上，双龙纹属于辅助纹饰，正面饕餮头像依然处于主导地位，仍不失其端庄、威严的艺术效果。燕下都瓦当上的这种极具特色的双龙饕餮纹，对于商周青铜器上的饕餮纹饰构图特征和艺术风格，可以说是一种在沿革和承袭中的创新和发展，而不是一种原搬和照抄。从殷商时期饕餮纹饰的广泛使用和流行，经西周时期的沿革，再到春秋战国时期，从青铜器质地的表面广阔空间，到瓦当陶泥质地的半圆特定空间，从内范外模的浇铸到范具压制的不同制作方法，到饕餮纹细微特征的变化，无不蕴含着燕先民的心血和智慧。至于双龙饕餮纹构图形成的原因、文化内涵以及作用意义，将在之后相关章节中论述。而“双龙背项抵角饕餮纹”，在双龙背项饕餮纹的基础上，虽然又有一些新的变化，但给人的直观感觉当面依然突显饕餮面像的威严。

在双龙饕餮纹类别中，双龙背身俯首饕餮纹和双龙背身仰饕餮纹两种瓦当的构图设计变化较大，正面饕餮面像在当面所占的比例缩小，而双龙纹所占当面的比例扩大，且侧身盘曲的双龙整体形象特征以及头尾方向和部位，较双龙背项饕餮纹和双龙背项抵角饕餮纹中的双龙发生了很大变化。关于这一点，我们在前一章纹饰分类研究中已做详细释读。虽然颇具商周青器纹饰风格特征，饕餮双目、宽鼻和阔口依然突显，但细致观察，主体纹饰确实是在表现双龙的形象了。以上所述几种双龙饕餮纹饰，虽然受特殊泥陶材质和半圆形制的制约，仍然充满了青铜艺术风格和气息，构图繁缛饱满，表现出威严、狞厉的艺术效果。

而另外两种“卷云饕餮纹”，虽然在总体纹饰上依然突出饕餮，从其宽鼻、阔口、双目和双角，使观者被饕餮纹的威严、狞厉所震慑，而那些分布在饕餮面像额头和外围即沿当面边轮部分排列巧妙的卷云纹，亦是那样强烈的夺人眼目。

我们通过比较观察，双龙饕餮纹类别中的双龙纹表现得完整而较为具象，是商周青铜器表面纹饰中少见的，却在青铜器器身的耳、棱以及盖钮立体纹饰中多见。而卷云饕餮纹中的卷云纹，本身就是商周青铜器纹饰固有的，虽然形似自然物象中的卷云纹而命名，但似乎是直接沿袭而来。

二、含有饕餮纹饰的抽象写意图像类

此类纹饰较上述图像类抽象写意，简洁奇练，处于由图像向图案发展转化阶段，比较典型的纹饰有所谓的“山形饕餮纹”“三角双螭饕餮纹”“四兽饕餮纹”“独兽卷云饕餮纹”“山形花卉饕餮纹”和“山珠花卉饕餮纹”。

在所谓“山形饕餮纹”中，饕餮的双目、鼻和口已抽象写意，也没有了双角，饕餮的面像外侧为曲折旋凸而成的所谓的“山形”纹。如果我们仔细观察，这旋凸而成的“山形”纹，不是一种简单反映自然界物象中山峦起伏的几何图案而硬赋予其特定的山形的象征意义，或者认为只是毫无意义的“旋凸”，而是燕下都早期的“双龙背项饕餮纹”瓦当中的沿当面边缘相向盘曲的“双龙”抽象演化而成的，其纹饰特点，是在着力表现那具有强大生命力的饕餮的双目和大口。关于这样的认识，将在以后相关章节中详细阐释。

“三角双螭饕餮纹”中的饕餮形象已抽象得只保留双目、口唇和鼻梁，以三角形纹为背景，而饕餮的额头、双角、眉和眼帘则以双螭纹的相应部位所替代，双螭纹也较为奇练。

“四兽饕餮纹”当面图像夸张，突出饕餮的巨目和大口，兽的形态酷似狼，《燕下都》一书中称其为“四狼饕餮纹”。当面上部的双狼抽象写意，以线条勾勒蜷曲的双狼的身躯替代了饕餮的双角。当面左右两下角部位的双狼亦写意抽象，前半身躯作为饕餮的面庞，后半身躯和尾部作为饕餮翻卷的口唇。

“独兽卷云饕餮纹”整体纹饰则更加简练抽象，只有饕餮的双目非常突显，其他纹饰如独兽纹和卷云纹都成了辅助纹饰。

“山形花卉饕餮纹”和“山珠花卉饕餮纹”中只有饕餮的双目和双眉使人能够明显辨认出来，其他纹饰更加抽象写意、简单奇练，饕餮的口、鼻以及面庞皆以花卉纹替代。亦因为这两种纹饰中的饕餮额头即当面顶端部位，有以自然物象中的“山形”和形似“太阳”的空心圆珠纹饰之，如果与花卉纹相关联，似乎显露出了现实生活和自然物象的表象和气息。

三、含有饕餮纹遗意的图像类

在此类纹饰中，似乎主体纹饰意在表现现实生活和自然物象中的某种物象，或是人们想象中的某类动物形象，但在画面上总摆脱不了饕餮纹的影响，或轻或重、或隐或显，都还保留着饕餮纹的遗意或影子。如“双鸟卷云纹”，当面纹饰主要为两只侧身相对站立的鸟，但在当面下部却是一双大眼和一个宽鼻，让人感觉形式上突出双鸟，但饕餮的“意味”却非常明显。再如形似双狼的“双兽纹”瓦当中，当面下部似双狼相对站立，昂首、挺身、垂尾，但当面上部双圆圈形却很像饕餮的双目在显现。还有身躯形态酷似双鹿的“双兽纹”，双鹿身躯下部的酷似人眼睛的纹饰，也似乎为饕餮双目的遗意。而在有的“山云纹”中，山形最内侧人形纹两端的双目形象，也正是抽象了的饕餮纹的面像纹饰，很有北京市房山区琉璃河西周燕国墓地出土的圉簋方座上饕餮纹样中额头、鼻梁和双目部分的遗意。①

四、动物纹样的图像类

在此类纹饰瓦当中，主要有“双龙纹”“独龙纹”“双龙双螭纹”“四兽纹”“双兽纹”和“双鸟纹”等。这些纹饰，虽不像饕餮纹那样威严、狞厉，但大多亦非现实生活中所见之动物，多富有想象的色彩，非常接近商周青铜器纹饰的艺术风格。如“双龙纹”所体现的双龙形象大都为伏躯造型，颈上竖，首略垂，张口相对，胸和前足亦作对峙状，龙尾向上、向内卷曲，前足略作举爪状，后足作蹲式状。龙为四足，这里只显现前后两足，这是龙身侧视形象的常例。龙额生角，项上出有三翅，双龙的整体形象与春秋时期青铜镈和钟上兽钮形状极为相似。而“独龙纹”一改燕下都瓦当兽类纹饰中一般表现双兽、四兽，并且以当面中间纵线为轴左右造型对称的原则，当面只饰一头左尾右的侧身独龙形象，实则是双龙纹瓦当中那只右龙的身躯变形，从半蹲对峙状变为身躯平向奔驰状，垂首扬尾，曲身耸颈，浑身蓄力，动感极强。其形象与商周青铜礼器上四周附饰的呈立体凸现状的龙形极其相似。

再看“双龙双螭纹”，在对峙抵斗的双龙上再饰一对尾部相连、头朝外、口与双龙颈咬合在一起的双螭纹。这种造型与太原金胜村 251 号春秋墓出土的夔龙夔凤钟钮造型极为相近。在“四兽纹”中，下边双兽较为具象，上边双兽抽象写意，四兽在向背取势、虚实排列组合上，构图巧妙，浑然一体，比较直观，呈现出一种图案化趋势。“双凤纹”虽然表现双凤站立对啄，振翅欲舞，栩栩如生，但亦非生活中所能见到之物，颇类似传说中的“三足乌”。燕下都遗址东城以北 3.5 公里处的西茹堡战国遗址出土的一种大规制鸟形滴水饰件，造型独特，其身纹饰刻划细腻精美，与双凤纹饰瓦当似乎有着某种联系。

五、抽象的图案类

在此类纹饰中，以“山云纹”和“山形纹”为代表，其数量在燕下都瓦当中仅次于饕餮纹类，亦极具代表性。另有晚期极为少见的“窗棂纹”“棱状纹”“几何凸线纹”和“卷云草叶纹”。在“山云纹”中，主体纹饰由两道或三道、四道旋凸曲折纹构成，有些表现得宽绰稳定，有些则表现得挺拔峻峭。其辅助

---

① 北京市文物研究所：《琉璃河西周燕国墓地》，文物出版社 1999 年，第 136 页。

纹饰为山形两侧沿当面内侧边缘自上向下排列的单头或双头卷云纹，象征天上的白云。二者组合，让人感到山云相接、虚实相映、浑然一体。然而，如果我们仔细地审视，燕下都瓦当上的山形纹和云形纹，也都能从商周青铜器纹饰设计中找到渊源。加之在燕下都一些常见的大型板瓦、筒瓦、抱柱瓦等宫殿建筑材料的表面，也设计有相近或相似的纹饰。以往，有的专家学者认为形似山状的旋凸纹并没有什么实质的意义，也有的专家学者称其为山形和云形，是与自然物象相关联的。不论如何，我们根据半圆瓦当形制象征天地的自然物象特征，认为山从地起，云自天生，山云相接，稳固祥端，是赋予这山云纹的特定内涵。但在构图艺术形式上，确为一种图案化的效果。一些再稍晚些时期的山形纹，最外一道旋凸拐折成了“锯齿状”，更应视为一种图类的表现。与山云纹相比，“卷云草叶纹”则是一种纯图案性质了。它不但对圆形进行了从内到外的分界，而且在进行了上下左右纵横角度的分界后，又在其中设计了非常规则的草中纹和卷云纹。它虽然以半圆形制出现，但开了秦汉同类纹饰圆形瓦当的先河。

另外，在燕下都纹饰瓦当中，有一些瓦当在纹饰外围即当面边轮的内缘处，加饰了一组半圆几何纹图案，并且亦富变化，使当面更加具显装饰效果。多见于“山云纹”“山形花卉饕餮纹”和“山珠花卉饕餮纹”，个别的有“双龙背项饕餮纹”。

通过以上分析，我们可以明显看出，含有饕餮纹饰及龙螭、神怪动物纹饰具象的图像类，主要承袭商周青铜器纹饰，原始崇拜意义和神秘色彩非常浓厚。含有饕餮纹饰的抽象写意图像类和含有饕餮纹遗意的图像类，在商周青铜器纹饰风格基础上融入了自己时代的东西，即反映原始崇拜的神秘色彩与反映当时社会风尚以及模拟自然物像相结合。从构图形式和表现效果看，不论是“山形饕餮纹”“三角双螭饕餮纹”，还是“四狼饕餮纹”“山形花卉饕餮纹”“山珠花卉饕餮纹”，饕餮的原始青铜意味已经明显淡化，现实生活和自然物象的东西已经悄然地显示出生命力。在抽象的图案类中，如“树木卷云纹”表现现实生活的气息较为浓厚一些，“人面纹”与现实生活中的人面图像近似，“窗棂纹”也较为接近现实生活中的物象。“树木双兽纹”中，从那些兽的形象似犬、似鹿的形状来看，确实与现实的物象距离较近了，原始崇拜的神秘色彩比较淡薄了。

在燕下都瓦当中，由于一些纹饰构图表现的内容题材较为复杂多样，不能单纯地说它表现的是现实题材还是非现实题材，如“山形花卉饕餮纹”“山珠花卉饕餮纹”，可以说是介于二者之间。我们可以把当面正中顶部的山形纹理解为自然界的高山，把空心圆珠纹联想为天上的太阳，表现饕餮口、鼻和面颊的花蕾和花叶视作自然生活中的花卉，其与表现原始崇拜的商周青铜饕餮纹的遗意融合得如此巧妙和谐，有机统一，可以说是燕下都瓦当最突出的艺术特色之一，这在其他地域纹饰瓦当的构图设计中是难以看到的。在那些“双鸟饕餮纹”“双兽饕餮纹”和“四兽饕餮纹”等瓦当中，虽然饕餮纹的遗意还是那样突显，但其他纹饰特征的表现，的确让人感到了一些与自然物象和现实生活相关的时代气息。

在经过以上对燕下都瓦当纹饰题材和构图特征类别分析后，我们隐约看到了燕下都瓦当在其产生、使用和发展、衰落过程中，整体纹饰沿革演变的趋势和规律。

第三节　燕下都瓦当纹饰的艺术特征

燕下都瓦当纹饰作为整个灿烂的瓦当文化的一个重要组成部分，在纹样结构与表现手法上皆具有很高的艺术水准与鲜明的民族特色。其主要特征大致可从以下四个方面来概括。

一、图形多采取对称结构

在燕下都瓦当中图形中对称方式运用最普遍的是以直线为轴左右对称，即图样的形状与位置均以直线轴为界而呈镜像反映。瓦当上的所有饕餮纹，即是此种对称结构的典型。有的学者曾指出最早的纹样所以多作轴对称，是由于任何民族，对于动物和人类的颜面，都有深刻的印象，而凡属脊椎动物，其颜面部分均自然对称，左右平均，对于一些庄严礼器装饰的处理，自觉有均齐与安足的必要，所以礼器，取以颜面为主体，是很自然的表现。

轴对称的布局能给人平衡、稳重、安定的感觉，故燕下都瓦当纹样布局基本上遵循这一原则，特别是作为主题纹饰的纹样所必采用的方式。在商周时代青铜器上也是如此。例如在圆形器上设计饕餮纹时先将器物表面分为二至四等分，每一等分取中线为对称轴。方形器，如方鼎取四边中线为对称轴，同时往往又以四角棱线为对称轴。饕餮纹的对称轴一般均凸起成扉棱，又恰似其鼻梁。此一阶段不仅是饕餮纹，即使是夔纹、鸟纹组成的纹饰带也常采取在对称轴两边分别两两对称的形式。此外，对于夔纹、鸟纹、独立蛇纹及至蝉纹等构成的横向纹饰带，还有采取在一对称轴左右两侧做方向相反的顺列反复的方式，如图2-3-1、图 2-3-2 这样的图样，仍然是两组轴对称图形。西周晚期以后，对称方式对纹样的影响虽然减弱，但始终没有消失。

图 2-3-1

图 2-3-2

二、图形都属适合纹样

所谓适合纹样是指和特定的形体相结合时（如长、方、圆等），如图 2-3-3、图 2-3-4、图 2-3-5，必须首先考虑的是如何使图案纹样适应其外轮廓的需要，并使纹样与外轮廓相结合，使纹样与造型相协调，相融合，从而增加器物的美感。这种适应形体而装饰的图案纹样称之为适合纹样。具有独立的装饰图案，属单纹样范畴，归纳起来可分为均齐形和平衡形两种。均齐形的组织形式可以归纳为直立形、辐射形、旋转形、转换形。平衡式适合纹样是遵循力学原理，依中轴线或中心点左右或周围配置不等形、不等量或不同色的纹样组合，使人在视觉上、心理上产生稳定感，是一种不对称的心理平衡形式，如独龙纹（图 2-3-6），基本的表现元素就是点、线、面。

图 2-3-3

图 2-3-4

图 2-3-5

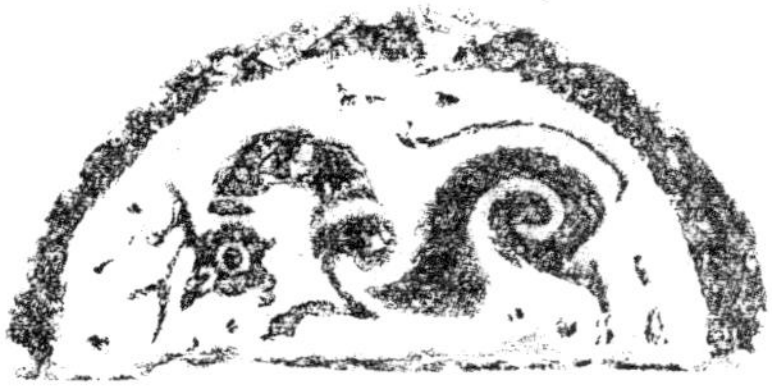

图 2-3-6

除此之外还有二方连续、四方连续两种形式。

所谓二方连续是将一个单元纹样向左右反复连续伸展，构成带状图案，因此亦称为“花边纹样”。二方连续方式将图样单元做有规律的重复排列，使图案整齐而美观，并富有节奏感。如图 2-3-7、图 2-3-8、图 2-3-9、图 2-3-10、图 2-3-11 等。

图 2-3-7

图 2-3-8

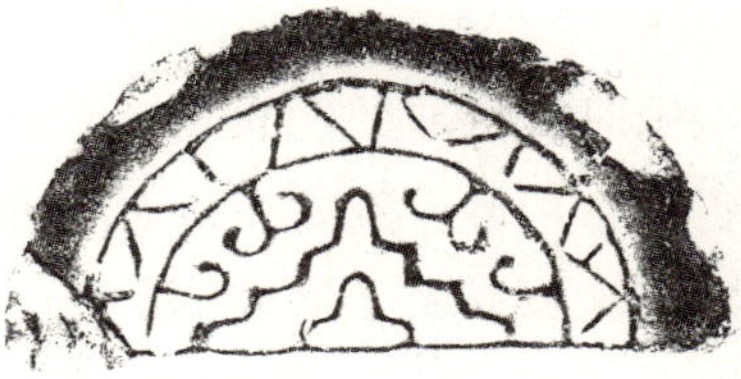

图 2-3-9

图 2-3-10

图 2-3-11

四方连续是指一个纹样单位向上下左右四周重复地连续扩展的图案。适用于做大面积分布的纹样，因此一般施用于器物的腹部。春秋中期以后，属于四方连续方式的蟠螭纹、蟠虺纹兴起，表明四方连续成为这一阶段青铜器上最主要的纹样组织方式。在前文论述青铜块范法铸造工艺时已指出，此种纹样组织方式所以得到发展，是与制范时开始采用小块方格印纹法（只雕刻一次纹样印模，用在腹范上下左右，连续压印）相关的。燕下都瓦当中属于这类纹饰的如图 2-3-12、图 2-3-13。

图 2-3-12

图 2-3-13

三、分别主次

在收集到的 14 大类瓦当图形中，在形象安排上主次还是非常明确的。比如双龙背项饕餮纹眼睛、口鼻、角是主体形象，而双龙处于次要地位；卷云饕餮纹中眼睛是主体形象，其他弱化为次要形象；双龙双螭纹中双龙形象较大，处于主体地位，双螭较小，处于从属地位等。这一部分还会在第四章中详细分析。

青铜器上的纹样多不是一种，但在几种纹样并用时，在主次纹样的位置安排、面积大小方面即有所区别，以突出主题纹样，同时又使辅助性的纹样能恰到好处地起到衬托的作用。这一原则往往被运用得非常巧妙，例如在粗大简省类饕餮纹两边放置两条侧面倒立的小夔龙，如图 2-3-5，既填补了两侧的空白，又由于小夔龙的弱小，更反衬出饕餮纹的凶悍，同时亦减弱了正面饕餮面造成的单调感；又如战国时期在饰以细密的蟠螭纹的器物腹部，横截面几道窄细的绚纹或弦纹，不仅形成了主纹饰的层次与节奏，更易使人感受其精细、秀丽，亦避免了由于满饰细密纹饰造成的茫然一片的印象。

四、纹样与器物高度统一

燕下都瓦当的纹饰构图，在特定的半圆形规制和天地观念的支配下，纹饰由边缘和底线向中心随形就曲，呈“环围式”特征。如双龙背项饕餮纹，双龙前爪蟠于当面正中顶部，头背项下垂，身躯沿半圆弧线由上向下盘曲，其中部从正面饕餮头像的双角底下叠压穿过，尾和后爪蟠曲在当面两下角，双龙呈仰身背项垂首状。而双龙背身俯首饕餮纹构图，则是双龙的头设计在当面两下角，俯首向外，而身躯与饕餮正面头像的口、鼻、眼、额交叉叠压，沿当面弧线由下向上盘曲，尾止于当面正中顶部。双龙背身仰首饕餮纹构图，虽然也是双龙的头部设计在当面的两下角，然而却是仰面朝上，双龙身躯也是与饕餮正面头像的口、鼻、眼、额交叉叠压，沿当面弧线由下向上盘曲，而尾部止于当面中部两侧与双龙首相接，更是另有一番情趣。

五、纹样的表现手法丰富

瓦当纹样的表现手法可以从工艺手段、艺术形象设计与线条的变化三方面来考察。

（一）工艺手段

表现纹样的工艺手段是丰富的。一件器物表面纹样往往不在一个平面上，有时阴阳花纹二者兼用于一器，例如双龙背项饕餮纹饰所有线条都是阴刻，其所形成的形象如鼻子、嘴、眼睛、双龙等都是阳刻；乳钉雷纹，作为底衬的菱、方格雷纹是阴线条，但是中间的乳钉则是突起的。这样主次纹饰表现手法不同但却相反相成，相得益彰，格外引人注意。再有，在兽面中央凸起一个浮雕式高耸的鼻梁和圆鼓的双目，不仅起到对称中心的作用，得以将两侧的纹样统一于一个整体的效果，同时亦增加了整个器物的庄重感与平稳感。当然最典型的还是“三层花”，将饕餮、龙等动物形象的主纹饰制成浮雕形，再使兽的眼球又进一步突出于主纹饰平面。这样利用纹样高低不同的阶次及阴纹与浮雕两种表现手法的并施，形成了层次丰富的视觉效果，克服了纹样皆施于一个平面上的单调感。

（二）艺术形象设计

艺术形象设计有其独到之处。其主要表现形式有以下两点。

其一，形象设计上的变形、夸张。这主要表现于动物纹上，即抓住动物形体最显著的特征，加以概括与适当的抽象变形，用夸张的手法将其表现出来。例如动物纹中，如图 2-3-14、图 2-3-15、图 2-3-16、图 2-3-17，对小鸟纹着力夸大，尖钩状的喙、大大的眼睛、竖挺的尾羽显出无比的神气；大鸟纹和尾羽被拉长，设计成各种迤逦、翻卷的形式，使人觉得极其潇洒而浪漫。

图 2-3-14

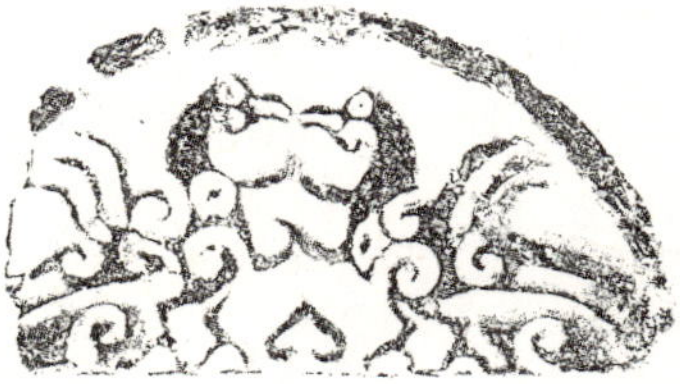

图 2-3-15

图 2-3-16

图 2-3-17

其二，以平面展示的手法表现立体形象。如李济所述“用一个动物从两旁看的‘侧面’各作一个图像，再把这两幅侧面的图像对称地排在一个平面上，照现代的标准说，并不能代表这一动物正面可见的全体”。其最典型的运用即是饕餮纹及所谓单首双身龙纹等。所以如此，当然是由于当时尚不懂得透视的方法。但这种以平面展示立体的手法，却恰可显示轴对称纹样带来的平衡、稳重的艺术效果，如图 2-3-18。图 2-3-19 是将图 2-3-18 中的图形经过简单处理之后放在瓦当当面中，从中不难看出青铜器图形和瓦当图形之间的关系。

图 2-3-18

图 2-3-19

（三）线条的变化

在统一中求变化，其线条往往粗细不同，疏密有别。例如用粗犷的刀法刻画出饕餮主纹饰，再用细密的线条重复。一粗一细，虚实相间，极细密的线条给人以虚的感觉，而主纹饰则显得突出，给人以实的、明亮的感觉。几何纹中山形饕餮、山云纹等亦是采用此种手法。其线条亦非是等宽的、单调的，仔细观察会看到其线条有如墨书，有轻有重，回转自如，富有弹性，方圆、长短、曲直、疏密配合，使纹样活跃而不呆板。如图 2-3-20、图 2-3-21、图 2-3-22、图 2-3-24。

图 2-3-20

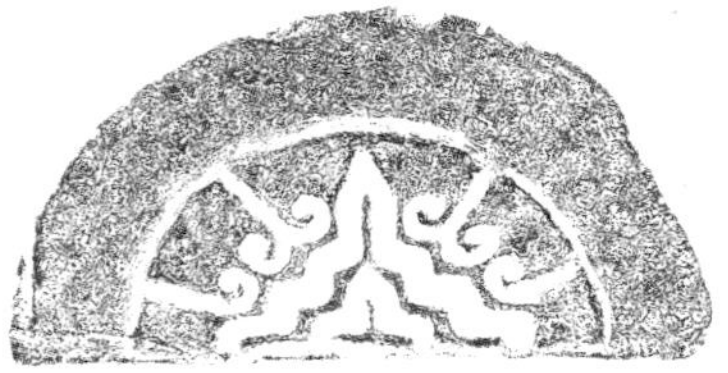

图 2-3-21

图 2-3-22

图 2-3-23

图 2-3-24

第三章　燕下都瓦当饕餮纹饰研究

通过对燕下都瓦当纹饰种类，以及在整个燕国疆域出土瓦当的地位和影响关系的分析和分期研究，不难发现，作为燕下都乃至整个燕国瓦当的母题纹饰的饕餮纹，不论是从地域、遗址性质的空间，还是在历史发展的时间意义上，在广泛性、持续性两个方面，都表现出强大的内在生命力。作为春秋战国时期燕国标识性纹样的饕餮纹，有着怎样的历史渊源，怎样的地域文化根基，又发挥着怎样的功能和作用呢？本章围绕以上三个方面，做一简要分析和探讨。

第一节　饕餮纹的来源和意义

滕固先生按照铜器上饕餮为有角之兽的特征，依据文献《吕氏春秋》所谓“周鼎著饕餮，有首无身，食人未咽，害及其身”的记载，又与日本和美国所藏饕餮食人卣相比照，认为铜器上为食人之兽无疑。关于商周铜器上饕餮纹之称谓，自北宋《宣和博古图》沿袭《吕氏春秋》中周鼎著饕餮之说，一直沿用至今。滕固先生也应该是遵从了这一说法。紧接着，滕固先生又依据《左传·文公十八年》和《淮南子·修务训》（高诱注）等关于饕餮的记载和描述，认为“古代中国人好于恶名加于异族，便亦以贪得无厌的野兽（饕餮）称异族之动物祖先，因其贪婪而以饕餮名其动物祖神。中国人起初怵于其种族的贪凶，于是生起食人神话，后来战胜其种族，夺去了他们祖神徽帜，于是图其形于器物以表胜利，以后其图形又转化而有符咒辟邪的意义，更后又转化成有戒贪的意义”①。滕固先生还认为，饕餮的母题是中国特有的，作为铜器纹饰的主体，其

---

① 滕固：《燕下都半规瓦当上的兽形纹饰》，《金陵学报》1936 年 6 卷 2 期。

形式发展也是自成系统的。

对于燕下都瓦当及其饕餮纹饰，滕固先生认为，“下都瓦当是纪元前三世纪至二世纪的遗物”，“燕瓦兽饰在始终未放弃对称的传统法则这一点上，自然它和铜器的饕餮纹从一条沿线上发展过来的，兽饰发展到燕瓦，已经入于某一新异的阶段，尤可想见。所以燕瓦上的兽饰这一宗铜器以外的装饰资料，应该是十分珍异的”。①

滕固先生将燕瓦与商周铜器相联系，以燕瓦上的兽形纹饰与商周铜器上母题纹饰饕餮纹进行比较分析，认为燕瓦兽饰的渊源是商周铜器上的饕餮纹饰，同时认为铜器上的饕餮纹来源是中国特有的，是华夏同族异祖三凶之后，图其形象于器上以诅咒辟邪，更转化戒贪之意。② 这样，滕固先生便把燕瓦上的兽形纹饰直接与商周青铜器的饕餮纹联系到一起，后者是前者的源头，甚至可以把铜器上饕餮纹的意义直接沿用到燕瓦。

那么，从殷商、西周，历经春秋再到战国时期，从立体的青铜器物表面到平面的泥陶质地的半圆形瓦当，从王权祭祀场所到宫室建筑的屋顶檐前，又是什么原因和什么力量使饕餮纹发生时空上的延续和转移呢？滕固先生认为的兽饰发展到燕瓦，进入新异阶段的意义和作用何在呢？

通过以上滕固先生的分析，和我们所见燕瓦实物与铜器实物资料以及展览实物比较观察，毋庸置疑，燕瓦上的兽形纹饰直接承袭了商周铜器饕餮纹艺术风格。但滕固先生对商周铜器饕餮纹的来源和意义的理解是否亦是燕瓦兽形纹饰的来源和意义，我们应做全面和深入的考证。一直以来，学术界对商周铜器纹饰的命名、渊源和含义是十分关注的。不论称作饕餮纹饰还是称其为兽面纹，最关键的还是弄清楚其来源和意义，这有助于我们对其从产生使用，到繁荣鼎盛，再到淡化消失的演变规律的研究。近百年来学术界对饕餮纹的来源和意义大体看法有三：其一就是滕固先生的异族祖神论；其二为张光直先生的“铸鼎象物”说；其三为承杰先生的“先民祖先神像”说。下面简要分述并讨论。

一、关于异族祖神徽帜的说法

异族祖神徽帜的说法也是以滕固先生为代表最先提出的，其主要依据是

① 滕固：《燕下都半规瓦当上的兽形纹饰》，《金陵学报》1936 年 6 卷 2 期。

② 傅振伦：《燕下都考古系年要录（1921—1987）》，《文物春秋》1990 年 3 期。

《左传·文公十八年》和《淮南子》的“兵武训”“修务训”和“厚道训”等。

《左传·文公十八年》：“昔帝鸿氏有不才子，掩义隐贼，好行凶德，丑类恶物，顽嚚不友，是与比周，天下之民谓之浑敦。少皞氏有不才子，毁信废忠，崇饰恶言，靖谮庸回，服谗蒐慝，以诬盛德，天下之民谓之穷奇。颛顼有不才子，不可教训，不知话言，告之则顽，舍之则嚚，傲很明德，以乱天常，天下之民谓之梼杌。此三族也，世济其凶，增其恶名，以至于尧，尧不能去。缙云氏有不才子，贪于饮食，冒于货贿，侵欲崇侈，不可盈厌，聚敛积实，不知纪极，不分孤寡，不恤穷匮，天下之民以比三凶，谓之饕餮。舜臣尧，宾于四门，流四凶族浑敦、穷奇、梼杌、饕餮，投诸四裔，以御螭魅。”①

《淮南子·兵略训》云：“贪昧饕餮之人，残贼天下，万人搔动，莫宁其所。有圣人勃然而起，乃讨强暴，平乱世，夷险除秽，以浊为清，以危为宁，故不得不中绝。兵之所由来者远矣！”《淮南子·修务训》云：“尧立孝慈仁爱，使民如子弟。西教沃民，东至黑齿。北抚幽都，南道交趾。放讙兜于崇山，窜三苗于三危，流共工于幽州，殛鲧于羽山。舜作室，筑墙茨屋，辟地树谷，令民皆知去岩穴，各有家室。南征三苗，道死苍梧。”高诱注说：“饕餮三族之苗裔故谓之三苗。”我们可以理解为三苗即饕餮。

另外，《淮南子·原道训》云：“夫能理三苗，朝羽民，徙裸国，纳肃慎，未发号施令而移风易俗者，其唯心行者乎！”高诱注：“三苗，尧时所放浑敦、穷奇、叨饕之等。”②

从以上文献资料的描述看，无论饕餮还是三苗，都是指的贪凶之人或者是族群，是尧舜时期的异族，最后被流放或被征服，滕固先生把铜器上的饕餮纹饰看作是这些异族的祖神徽帜。

二、关于夏人“铸鼎象物”的说法

夏人“铸鼎象物”的说法，主要以张光直先生的观点为代表。

《左传·宣公三年》载：“楚子伐陆浑之戎，遂至于洛，观兵于周疆。定王使王孙满劳楚子。楚子问鼎之大小轻重焉。对曰：在德不在鼎。昔夏之方有德也，远方图物，贡金九牧，铸鼎象物，百物而为之备，使民知神、奸。故民入

---

① 杨伯峻编著：《春秋左传注》（修订本），中华书局1990年，第638～641页。

② 顾迁译注：《淮南子》，中华书局2009年，第20页。

川泽山林，不逢不若。螭魅罔两，莫能逢之，用能协于上下以承天休。桀有昏德，鼎迁于商，载祀六百。商纣暴虐，鼎迁于周。德之休明，虽小，重也。其建回昏乱，虽大，轻也。天祚明德，有所底止。成王定鼎于郏鄏，卜世三十，卜年七百，天所命也。周德虽衰，天命未改，鼎之轻重，未可问也。”①

以上所述，涉及两个层面的内容，一为鼎与德与天命三者之关系，一为铸鼎象物及其目的与鼎的象征三者之间的关系。这里，我们参照张光直先生的观点，主要围绕第二层内容展开讨论。

夏人铸鼎象物，使人知道哪些动物是助人的神，即是可以助人通天地的，哪些动物是奸，不助人通天地的。按照王孙满的说法，动物中有若干是帮助巫觋通天地的，而它们的形象在古代便铸在铜彝器上。

在鼎上所铸的物象应该是鼎的附属，象物的目的是“用能协与上下，以承天休”，这个目的恰与铸鼎的目的是一致的。青铜彝器是巫觋沟通天地所用配备的一部分，而其上所象的动物纹样应该是有助于实现这一目的的。

在祭祀过程中，主要以动物供祭，作为享神的祭祀牺牲，协助巫觋来通民神，通天地、通上下的一种具体方式，商周青铜器上用动物纹样来象征这些牺牲之物，便可以理解为铸鼎象物的含义。至于商周青铜器上的饕餮纹、肥遗、夔龙、虬等神怪性的动物，虽然是自然界里见不到的实有动物，但很有可能是幻想抽象化了的各种动物的集合体或综合体，如由羊、虎和爬虫等动物转化而成，尤其是被称作饕餮纹的原型应当就是虎、狮、犬、羊等动物的综合体。如果细致观察，自然界中，那些长有獠牙巨齿的虎、狮、犬等动物，头上没有犄角，而那些长有粗壮或弯曲犄角的牛、羊等动物，嘴里是没有巨齿獠牙的。那些青铜器上的饕餮纹却兼有坚角和巨齿，以昂首怒目、龇牙咧嘴、坚角竖耳的形象，雄踞于青铜器表，显示出唯我独尊的气势。由此，我们有理由把青铜器上的饕餮纹视为人间能帮助人避凶逢吉、助人通天地的神兽，和用来作为牺牲的牛、羊等百物的化身。神属于天，民属于地，二者沟通，要靠巫觋的祭祀，商周青铜器是做巫觋的法器或曰工具。“民以物享”，于是“神之嘉生”，青铜器上的动物纹样——饕餮纹便是巫觋的助手、使者。在商周时期祭祀祖先和神祇的隆重而威严的仪式中，饕餮纹与承载着它的器物一样，增强了它的神灵属性。

商周青铜器以其实用性及其造型和聚“百物”为一体的饕餮纹艺术审美性，

---

① 杨伯峻编著：《春秋左传注》（修订本），中华书局 1990 年，第 669～672 页。

已经成了商周统治阶级维护王权稳定的一种政治工具，同时又是王权的一种象征和代表的艺术符号。故此，张光直先生认为，“九鼎不但是通天权力的象征，而且是制作通天工具的原料与技术的独占的象征。王权的政治权力来自对九鼎的象征和独占，也就是来自对中国古代艺术的独占。所以，改朝换代之际，不但有政治权力的转移，而且有中国古代艺术品精华的转移”①。如果我们把以张光直先生为代表的“铸鼎象物”观点概括为一句话，那就是，青铜器上的饕餮纹就是助人通天地的神兽和祭神中牛、羊、豕牺牲等“百物”的化身。

三、先民祖先神像说

近些年来，对商周青铜器上饕餮纹的图式与功能，有学者提出了新的看法，认为饕餮纹既非上古传说中的野蛮的异族部落的名称，也不是食人的怪兽，更不是代表祭祀牺牲的百物，而可能是先民祖先的形象，是一种祖神像。② 其观点是以简约了的目、神、眉、角为主要元素构成的饕餮形象，与图腾意义相对应为理论根据的。这种观点，对饕餮纹构成的理解是，西周时期青铜器的风格转向“以素为贵”，原先以文为贵的繁缛狞厉的饕餮纹便渐渐失去了昔日的风光，对于此前的饕餮纹应该剔除地纹之类的装饰因素，将目光集中到最凸显的主要构件——目、身、眉（角）三个要素，这三者不仅是饕餮纹文化功能的载体，也是饕餮纹演变发展的载体。这里的眉其实应该是角，随着角的逐步发达与强化，整个饕餮纹开始趋于兽面特征，到后来，饕餮纹仅存最简化形式——双目为其最为突出的特征。尽管经历了一个从繁到简变化的过程，或者是不同类别的青铜器上饕餮纹丰富多端的变化，人们也不难一眼看上去便识别出来，可见饕餮纹具有统一而稳定的特征性。

这种观点对饕餮纹的意义和功能的理解是：“饕餮纹可能是先民祖先神的形象，是一个祖神像。它在具体祭祀过程中所起到的作用大致同于张光直先生说的通天作用，是用来沟通祭祀者与被祭者的。但张光直先生的观点是以动物为中心的，他所说的整个巫术的过程是以巫与动物协作方式来完成的。而我们所谓的祖神之沟通是指：在整个祭祀的过程中以人为中心，饕餮纹表示的是祖先的形象，或直接与所祭祀祖先沟通，或代表祖先与上帝沟通，它是祖先亡灵之

---

① 张光直：《中国青铜时代》，生活·读书·新知三联书店 1999 年，第 467 页。

② 承杰：《商周铜器饕餮纹的图式与功能》，《南京艺术学院学报》2004 年 1 期。

世界与现实生活之世界的沟通者。两者之间存在着一种明显的差别，而这种差别恰恰是我们想特别指出的，即我们在研究古代特别是上古时代的历史图像时，思维的指向不应该停留在动物的层面上，而应该是人。”是人而不是物的主张，其依据是对图腾意义的解释，“在他们对图腾之物顶礼膜拜时，他们心中所拜之物绝非是被人化了的动物，而是被动物化了的人，是自己祖先的灵魂”。进而推断，“虽然饕餮纹具有多种兽面的倾向，但我们仍不能妄加推断它是兽面，而遗忘了它形式下所包含着的人的意义——一种被神化了的祖先意味”。①

持此种饕餮纹为自己部族和王权祖先神灵图像的观点，从饕餮纹最具代表性的双目、竖角和阔口以及身躯为主要元素构成的简括、明朗而凸显的特征，到对祭祀自己祖先神灵庄严肃穆的庙堂的青铜器上，成了自己祖先神灵的图腾象征，其分析和推断上的逻辑思维关系似乎是无懈可击的。虽然目前尚缺乏历史文献资料与最新考古出土实物的支持，但从青铜器以及饕餮纹的产生、发展、鼎盛和淡化、衰落乃至消失的全过程看，对饕餮纹的来源、意义和功能的思维和认识应该开阔一些。

以上把文献记载的神话传说的异族三凶、祖神之像与《吕氏春秋》中所说的饕餮相关联的说法，已经形成一种流传已久也有一定影响的观点。然而，在所见考古出土和传世商周青铜器较为广泛的今天，仍然需要做深入的研究考证。《左传》上所说的九鼎上铸有百物之象，有着享神辟邪的宗教力量，就目前所见考古资料来看，夏鼎象物的图像或纹样，我们无从所见，把饕餮纹看成是百物之化身的说法，同样值得进一步深入思考和探讨。把饕餮纹看成是图腾，是物化了的人，是祖先神的观点亦然。

与尧舜时期流四凶于四夷之说法和夏代铸九鼎物象的传说不同，殷商时期的青铜器，出土数量之大、品种之多、分布地域之广、冶铸技术之高、制作工艺之精，前所未见。但凡礼器、兵器、食器、乐器等，几乎无不铸有繁缛精美的纹饰。有的器物本身就是一种动物的造型，或象，或牛，或羊，或凤，或鸟，等等，再在器表施以饕餮、龙、凤等纹饰。这一时期，饕餮纹已经形成了十分流行的主体纹饰。这时的饕餮纹以生与死、天与地、人与神沟通的象征占据了青铜器的主体位置，成了主要画面。其堂而皇之地出现在皇室庙堂，除了巩固

---

① 承杰：《商周铜器饕餮纹的图式与功能》，《南京艺术学院学报》2004 年 1 期。

王权和神权的需要外，也反映了巫文化氛围的宗教精神、地位和作用。[①] 同时也可以说，饕餮纹是殷商文化积淀出的一种包含着宗教信仰、虔诚心理和审美感觉成分的美，其表现出来的神秘色彩的狞厉美，构成了殷人王权统治的残酷本性和对神无比虔诚相统一的符号象征。

周代，虽然确立了以敬天、明德为基本内容的政治教化思想，以宗法为根本的国家政治制度，以礼乐为核心的社会规范等，形成了一套相当完整的国家运行机制，但在文化上并未割断与殷商文化的连续，比如在青铜礼器及艺术风格的继承上。然而，周人淡化神权，加强王权宗法教化，注重礼乐熏陶，皇天无亲，唯德是辅，一种不同于殷族神秘色彩的文化逐渐产生并发展成熟。对于青铜礼器来说，虽然看似一种简单的移来和照搬，但对占据着青铜器主导画面的饕餮纹赋予了一种崭新的意义——戒贪。这样，使得原本的祈福辟邪的狞厉美，又添上了一种廉明、恤民的情怀，以祈周王权的长治久安和天下太平。《吕氏春秋》成书于东周末年，其“周鼎著饕餮”的说法、理解和阐释，正是对其戒贪新义的揭示。

我们之所以用以上较多篇幅来探讨商周青铜器上饕餮纹的来源、意义和功能，把三种不同的看法进行比照，目的就是要尽可能地探究出一种接近青铜时代饕餮纹本真的含义，为与它十分相近的东周时期姬燕诸侯国瓦当上的兽形纹饰找到一个内在的链条关系，发现、探讨燕瓦当上饕餮纹的渊源、意义和功能。如果说，铜器上的饕餮纹与燕瓦上的兽形纹饰存在某种关系的话，那又是什么原因实现了二者的转移和延续呢？

第二节　燕下都瓦当饕餮纹饰的来源与意义

一般来说，不论是金石学视野中的古器物，还是近现代考古学视野中的文物，在历史的发展历程中的沿革演变，总是要考虑其种类序列或类别的。考古资料表明，西周早期，瓦已作为重要的建筑材料使用在建筑物上，到西周中晚期，开始有了瓦当的使用。经考古发掘，在陕西扶风召陈和岐山凤雏宫殿建筑遗址发现了迄今最早的瓦当实物，其时代为西周中晚期。这个时期的瓦当，形

---

① 张光直:《中国青铜时代》，生活・读书・新知三联书店 1999 年，第 435 页。

状为半圆形，有素面和重环纹两种。[①] 这种重环纹（图 3-2-1、图 3-2-2、图 3-2-3）与同时期青铜器上的同类纹饰风格极为相似，在殷商时期的青铜器上也有此类纹饰，自然含蓄，古朴稚拙，有一种原始的朴素美，具备明显的装饰功用。有学者认为，这种重环纹是以龙的身躯及其鳞状象征龙的形象和意蕴。[②] 如果我们仔细观察比照西周初期到中晚期青铜器纹饰变化规律，不难发现，西周中晚期瓦当上的重环纹与同时期青铜器上的重环纹（图 3-2-4）风格极其一致，尤以毛公鼎口沿下重环纹极为突显。其只不过是从青铜器上转移到了瓦当上，而在象征天地的半圆空间施以龙纹，赋予了特定的象征意味。而恰恰从此时期始，在殷商和西周初期流行的饕餮纹已经开始淡化和逐渐消失甚至退出青铜器。燕国是西周时期与姬姓王室同姓的国家，燕下都瓦当又是在春秋战国时期诸侯国瓦当中与西周中晚期瓦当产生使用时间最近的瓦当。从为同一序列器物发展沿革的角度看，燕瓦当纹饰没有去承袭重环纹，却跨越其直接承袭了更加突显的殷商和西周初期的青铜器上的饕餮纹。而又在之后的战国时期，饕餮纹瓦当在整个燕国疆域，从都城到重要城邑使用极其广泛，表现得也突显和强烈。是什么原因使得饕餮纹在燕国瓦当上使用最早，而又消失的最晚呢？

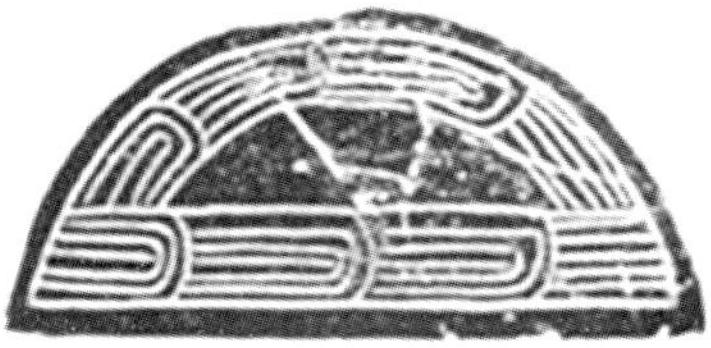
图 3-2-1　重环纹瓦当（西周）

图 3-2-2　重环纹瓦当（西周）

图 3-2-3　重环纹瓦当（西周）

图 3-2-4　青铜器重环纹（商周）

① 陕西周原考古队：《扶风召陈西周建筑基址发掘简报》《陕西岐山凤雏西周建筑遗址勘探》，皆见《文物》1981 年 3 期。

② 申云艳：《中国古代瓦当研究》，文物出版社 2006 年，第 26～27 页。

关于饕餮纹在燕国瓦当上流行的原因，郭大顺先生有着这样的论述：作为战国时代标志性纹样的瓦当，各国都有新的题材产生，唯燕国保持了以标准饕餮面为基本题材，不仅在燕下都，而且在燕山以北辽西地区的战国遗址也普遍发现有饕餮纹半瓦当。这种商周青铜器上的主题纹样从西周中期以后，在中原青铜器上逐步消失，而在战国中期的燕国很流行。这说明，饕餮纹在燕山南北地区有着浓厚的历史渊源。就在商代青铜器上大量使用饕餮纹的先商时代，分布于燕山南北长城地带的夏家店下层文化的彩陶上，就出现了以饕餮纹为代表的各种类似商代铜器花纹，它们从单元主题、基本组合到器物上的三分面的布局，都与商代青铜花纹有对应之处，这可能是我们多年寻找的商代铜器花纹的渊源。①

在夏家店下层文化墓地发现的数以千计的陶器中，有 200 多件表面绘有彩色图案花纹，其中有多种与饕餮纹相似的花纹，这使人们有理由相信中国青铜器上某些花纹的母体在商代之前即已形成。②

由此看来饕餮纹并不是青铜器原生性的花纹，在此之前，它还应该在其他器物上有过长时间的演变发展过程。它与青铜器结合，是因新材料的出现使得它从陶器或其他别的载体上转移而来，形成了一种新的青铜文化现象。夏家店下层文化的年代在龙山时代晚期到商二里冈时期。由于红山文化已出现了被认为与饕餮纹起源有关的兽面纹饰，以及彩绘陶在辽西出现较早，其彩绘纹饰可能是商文化主要装饰花纹饕餮纹的前身。③

夏家店下层文化与红山文化后期相衔接，分布在内蒙古、辽宁、河北三省份的邻境地区，包括京津，并有一个由北向南移动的趋势。到商周时期以后，在燕山南麓的京津冀地区表现得更为突出。从周初封燕到秦统一，燕国所建都城都在燕山南麓，并以此为基地，向北和东北广大地区发展。苏秉琦先生认为：到春秋之际或战国早期，存在于长城地带广大地区的燕文化，其特征有承袭夏家店下层文化的线索，独具特色的燕式鬲结构恰恰同夏家店下层文化晚期鬲一

① 郭大顺：《从饕餮纹在燕国消失的最晚谈起（提要）》，北京市文物研究所：《北京建城 3040 年暨燕文明国际学术研讨会议专辑》，北京燕山出版社 1997 年，第 346 页。

② 中国社会科学院考古研究所：《大甸子—夏家店下层文化遗址与墓地发掘报告》，科学出版社 1996 年。

③ 郭大顺：《从饕餮纹在燕国消失的最晚谈起（提要）》，北京市文物研究所：《北京建城 3040 年暨燕文明国际学术研讨会议专辑》，北京燕山出版社 1997 年，第 346 页。

脉相承；燕下都大量饕餮纹瓦当，不能简单理解为从殷商文化承袭而来，同燕式鬲可追溯到夏家店下层文化一样，燕瓦当也是燕山南北古老传统的延续。①

夏家店下层文化彩绘陶器以动物面为图案主体，器物整体的画面分割及主辅纹饰的配合，与黄河流域中原地区年代较早的铜器饕餮纹饰特征和风格很相似，明显展露出商代青铜文化的雏形特点。除此之外，燕山南麓的张家园遗址、燕山北麓辽西地区的魏营子遗址，以及河北北部、京津和东北辽西各地普遍发现具有商代特点的青铜器，如辽西窖藏中带有孤竹铭文和带有㠱国族徽的罍、鼎等器和北京琉璃河墓地出土的周初青铜器除保留浓郁的商代风格外，还有的铭文中记载了各地殷遗仍具有一定的势力。故此，学术界有认为燕是当地自然生长的国家，也有认为商人起源于燕山地区，入主中原以后，当地商人保留着强大的传统势力，燕商可能同祖。

清光绪十六年（1890 年），直隶省涞源县张家洼出土青铜鼎、卣各一，铸有"北伯""北子"铭文，王国维先生认为，"北"即"邶"，邶即燕，并根据易县出土的商代三种句兵，推断商族直至远祖王亥时，还有一部分族类游牧于易水流域一带。直至青铜时代，商族在今河北北部的燕地活动，并有一定的势力和影响。② 考古还发现，位于河北省易县的燕下都都城，还大量保留着商代遗风，如宫殿和墓葬布局方向都尊东北的规律，公墓设在城内宫殿区附近等。根据商周以后，在战国时期的燕国继续强烈地表现出这一特征看，燕商文化之间有着某种祖缘关系。

关于商族起源于北方的神话传说，《史记》和《诗经》等都有记载。《史记·殷本纪》曰："殷契，母曰简狄，有娀氏之女，为帝次妃，三人行浴。见玄鸟堕其卵，简狄取吞之，因孕生契。"《诗·商颂·玄鸟》曰："天命玄鸟，降而生商，宅殷土茫茫。"玄为北方之色。《吕氏春秋》曰："天有九野……北方曰玄天。"契为玄王即北方之王。曹定云先生根据文献记载考证，认为北京地区一带是商族的发源地，在追溯商族起源的考古学文化时，便追溯到了东北地区的红山文化。他认为："燕山是燕人之山，燕人乃玄鸟氏族之先民也，燕山为商族发源

---

① 苏秉琦：《中国文明起源新探》，辽宁人民出版社 2011 年，第 94 页。

② 王国维：《观堂集林》，中华书局 2004 年，第 884 页。

地。商族根于太皞部族，商文化起源于红山文化。”①

以上商文化起源与东北地区有关的观点，得到了人种学的支持。人种学家经过对有关人骨鉴定认为，安阳殷墟属于商人中小贵族的墓，其绝大多数具有北方人种的特征。“呈现出具有北亚蒙古人种和东亚蒙古人相混合的形态”，这说明，“商族的祖先很可能与北方地区的古代居民有更多的关系”。②

如果以上关于燕商同祖或者说商族起源于东北的说法成立的话，那么，燕国瓦当上饕餮纹就找到了地域上的文化祖源根基，在战国时期燕地使用广泛和突显也便是顺理成章的事情了。

就审美文化现象来论，周人所制造的礼乐文化典型体现在西周到春秋中期，春秋后期礼崩乐坏，开始向战国时期新文化转变。对于燕国来说，燕下都春秋中期将商周时期青铜器，尤其是燕地西周青铜器上的饕餮纹转移到瓦当上，作为宫殿等建筑物屋顶的装饰构件，一直延续到战国末年。在战国时期，随着燕国国势崛起，沿着从西南至东北的方向，燕国疆域内的重要城邑，普遍见有饕餮纹瓦当使用。燕国瓦当上使用饕餮纹最早，消失最晚，表现十分突显，这里我们要探讨的是，从春秋中期到战国末年，饕餮纹在燕瓦当上使用的意义和作用是什么呢？随着历史进程和燕国国势的变化，饕餮纹的意义和作用发生了怎样的变化呢？

姬姓封国，从周初所封的70余国中，有文献记载40余，也有文献记载50余。到了春秋时期，姬姓国中晋国称霸中原，到战国时期，作为姬姓仅存的燕国进入了七雄，且在七雄中最为弱小。燕与周同姓，姬燕是周王室的嫡传和正统的代表，我们分析燕文化发展演变过程，或者说文脉关系，不应该离开这一主线。春秋中晚期，燕下都的兴建、营造到都城地位逐步确立的过程中，在其宫殿建筑的瓦当上将饕餮纹作为主题纹饰，是西周时期燕政权从周王室带来的中原文化与燕地传统文化碰撞、交汇、融合而形成的姬燕文化的延续。在表现形式上，商周青铜器饕餮纹找到了它的文化祖源。换言之，由于受到燕山南北长城地带特殊地理区域和当地深厚传统文化的影响，此时瓦当上的饕餮纹表现

① 曹定云：《商族渊源考》，《中国商文化国际学术研讨会论文集》，中国大百科全书出版社1998年，第117～125页。

② 潘其风：《我国青铜时代居民人种类型的分布与演变趋势》，《庆祝苏秉琦考古五十五年论文集》，文物出版社1989年，第294～304页。

出在当时各诸侯国瓦当中独具强烈地域风格和特色的面目，它已经是燕文化的一种特定的符号，象征着姬燕王权和国家，也象征着此时燕国仍然是周王朝的嫡传和正统。饕餮纹瓦当使用在宫殿建筑的檐前，一方面表现姬燕王权自我内心的尊仰，自强不息，感召、凝聚民族力量，寄予不断发展壮大的愿望；一方面呈现出的威严色彩和原有商周铜器浓郁的神秘、狞厉气息，在心理上起到震慑、恐吓异族，保护本族的作用，寄托对战争胜利的希望和期待，以达到“尊王攘夷”的目的。

到了战国时期，燕下都宫室、作坊、居住建筑以及都城以外军事防护建筑普遍使用饕餮纹瓦当，尤其是那些半圆底径 32 厘米到 38 厘米硕大规制的瓦当上，施以浑厚华丽的双龙饕餮纹，充分彰显了宫殿建筑的壮观华丽，都城建筑的宏大与繁荣，国家实力的雄壮与昌盛，社会文明的进步与发达。同时，整个燕国疆域其他重要城邑普遍使用饕餮纹瓦当，一方面表现出燕下都中心地位的影响和燕国国势的不断扩张，一方面表现出整个国家民族意识和社会思想的高度统一。这种饕餮纹瓦当在都城的突显和全国的统一，在表明燕国势力不断增强的同时，也表露出了燕国争霸中原的图谋和统一中国的雄心。哪怕是到了战国晚期，在燕国势力衰退，屡被齐、赵欺凌侵扰的局面下，这种饕餮纹瓦当依然牢固地使用在燕瓦当上，突显在高大建筑物的檐前，代表着宗周血缘的姬燕文化的延续。

从燕国初封到西周晚期，燕国起到了巩固北疆、拱卫王室的作用。春秋以降，它虽然屡受北面蛮貉的威胁、侵扰，但北蛮却一直未能“入主中原”，南面虽有鲜虞、狄部的侵扰，但亦未被其所灭。燕国未亡于北蛮，亦未亡于南狄，足见其在“拱卫王室”和“尊王攘夷”方面的贡献。对于各诸侯国之间的关系，不论是合纵、战争，还是禅让、改革，虽为弱小或内乱但毕竟未被灭国，最终，于姬姓独后亡。不论是燕昭王的金台招贤、士争凑燕，还是燕太子丹的“荆轲刺秦”“慷慨悲歌”，除了政治和军事的格局变化因素影响之外，与燕国为保持到战国时期最后的唯一姬姓国家，代表周王室正统因素有着一定的关系。饕餮纹在燕国瓦当上的使用，与燕国政治需要分不开，更与表现燕国为周王室正统代表的思想观念分不开。它以青铜余绪的表现，姬燕文脉的象征，贯穿了燕国兴衰和存亡的整个历史进程。尤其是在整个战国时期，饕餮纹瓦当已经作为了燕国整个国家和民族的徽记和标志。

为了增强燕下都瓦当饕餮纹饰（图 3-2-14、图 3-2-15、图 3-2-16、图

3-2-17)与商周青铜器饕餮纹饰承袭关系的直观性，以及与大甸子夏家店下层文化墓地出土彩绘陶器兽面祖源关系的直观性，我们选取了商周时期青铜器（图3-2-8、图3-2-9、图3-2-10、图3-2-11）、琉璃河出土的燕初青铜器（图3-2-12、图3-2-13）和大甸子夏家店彩绘陶器代表性纹饰（图3-2-5、图3-2-6、图3-2-7），从图像角度进行比较思考。

图 3-2-5　大甸子彩绘陶器 1

图 3-2-6　大甸子彩绘陶器 2

图 3-2-7　大甸子彩绘陶器 3

图 3-2-8　商周青铜器 1

图 3-2-9　商周青铜器 2

图 3-2-10　商周青铜器 3

图 3-2-11　商周青铜器 4

图 3-2-12　琉璃河燕初青铜器 1

图 3-2-13　琉璃河燕初青铜器 2

图 3-2-14　燕下都瓦当 1

图 3-2-15　燕下都瓦当 2

图 3-2-16　燕下都瓦当 3

图 3-2-17　燕下都瓦当 4

第三节　从青铜器纹饰演变到瓦当纹饰

燕下都瓦当纹饰内容题材与构图风格表现出古老而神秘的气息，使发现、收藏、研究者一开始，在与其之前所见古器物的参照比较中，包括对其命名释义等方面，径直与商周青铜器发生了联系。如《易州志稿》所载："瓦纹率用饕餮或云龙、鸟兽之状，阳文居多，间有阴文者，形质古异不下百种。"① 傅振伦先生对 1930 年春，马衡先生率团对燕下都老姆台发掘所获得瓦当的记载："半规瓦当极多……它们的花纹很复杂，有饕餮纹、山云纹、双螭纹、双夔纹、双鸟、双兽、双狼、双鹿等花纹，还有刻有文字的。花纹虽种类多，但百分之九十以上是饕餮纹或从它演变而成的花纹。"②

之后，对此次发掘所获瓦当进行的研究中，滕固先生以纹饰为主题进行分类比照，不但将燕下都瓦当上的饕餮纹饰与商周青铜器纹饰相联系，而且从商周青铜器上饕餮纹构图特征、渊源、含义，以及演变到泥陶质地且半圆形制的燕下都瓦当上的特征与作用，做了深入的探讨和精辟的论述。

---

① 寿鹏飞：《易县志稿》，学苑出版社 1990 年，第 826 页。

② 傅振伦：《燕下都发掘品的初步整理与研究》，《考古通讯》1955 年 4 期。

其一，燕下都瓦当纹饰与商周青铜器纹饰之关系。“这批瓦当可以说是最古老的瓦当，在其他地方同时代或以前时代的瓦当，似没有发现过，所以比证纹饰，只有拿铜器作唯一的资料。明知铜器和瓦物的物质材料、制作方法、工人知识以及制品贵贱的评价等，有所不同，然从装饰艺匠上说，此等瓦物和铜器有显著的渊源关系，拿铜器的纹饰做引导而细味瓦物的纹饰，是现在的条件内似乎不能再有以上的办法。”①

滕固先生这样详尽比较解析和精确的阐释，开燕下都瓦当饕餮纹尤其是“双龙饕餮纹”这一燕瓦母题纹饰命名和释义的先河。在近现代考古学研究中，对这一种类纹饰的命名及构图特征的阐释，无不受其启发和影响。如之后杨宗荣先生《燕下都半瓦当》中的描述，以及见于考古发掘报告或简报中的描述，都是沿用滕固先生的命名。只是在《燕下都》一书中，将“双兽饕餮纹”改名为“双龙饕餮纹”，只有兽与龙一字之差。关于滕固先生对燕下都瓦当中饕餮纹眉与角的看法，笔者有不同意见，这将在此后相关章节中做出商榷。

其二，青铜器纹饰演变与燕瓦当纹饰变化相似性。从燕下都瓦当遗址发掘出土半瓦当纹饰分期表和青铜器纹饰发展变迁不难看出，两者在时间上虽然不同但在纹饰变化几个阶段上有诸多相似性。青铜器纹饰变迁大致分为五个阶段。

第一阶段：二里冈文化期。仅有饕餮纹 1 类（即不简省饕餮纹）与几种简单的几何纹，如圆圈纹、弦纹、涡纹、云雷纹等，风格多粗犷、简练。至二里冈上层晚叶始，饕餮纹才开始出现细密的形式。所以这一阶段只能算作青铜器纹饰的萌芽与初生期。

第二阶段：殷代中期至西周早期。多类并存的饕餮纹、龙纹和夔纹显然是这一阶段施用最普遍亦最重要的纹饰。此外，自殷代中期始，蛇纹、鸟纹变形饕餮纹以及多种几何纹，如圆圈纹、涡纹、四瓣目纹、三角纹的流行，亦明显地与其他阶段相区别，皆表明这一阶段纹饰类别的丰富。这是与此阶段为中国青铜器发展的第一个高峰的地位相符合的。自二里冈上层偏晚始，纹饰出现繁缛作风，至殷代中期更发展为以“三层花”为代表的繁丽、精细的风格，这种风格一直延续至西周早期。从春秋中期到战国晚期的燕下都瓦当中都有这种风格的瓦当，比如双龙背项饕餮纹和卷云饕餮纹饰瓦当的出现。战国中晚期之后至于神话性动物的盛行，出现肃穆、森严而又诡异的气氛，一般认为与商代和

---

① 滕固：《燕下都半规瓦当上的兽形纹饰》，《金陵学报》1936 年 6 卷 2 期。

周初崇尚鬼神的神秘主义、宗教意识密切相关。

第三阶段：由西周中期至春秋早期。西周中期，以龙纹的鼎盛、鸟纹的流行与窃曲纹的兴起为特征。这一阶段的晚期，窃曲纹达到高峰，重环纹、波带纹及瓦纹使用得极为泛滥。前一阶段崇尚繁华、精致的风格至此已有所衰落而渐转向质朴、素雅，多种神话性动物纹解体，进一步走向图案化，从而亦使笼罩于纹饰上的神秘主义色彩大大削弱。这似乎从一个侧面反映了西周中期以后崇尚神鬼的宗教观念明显衰落。这一点我们从卷云饕餮到山形饕餮这一变化过程可以明显感受到。

第四阶段：由春秋中期至战国早期。自春秋中期始，青铜器纹饰明显地呈现出一种新陈代谢的气象，上一阶段诸类典型纹饰，如重环纹、窃曲纹、瓦纹等急剧地衰落，波带纹不但减少且走向变形，与此同时构图细密的蟠螭纹及蟠虺纹及四方连续延展的独体蛇纹开始风行，一下子取得了青铜器纹饰中施用最广泛主题纹饰的地位，这反映出纹饰的风格又由上一阶段的肃朴重新朝向精细、繁缛，其细腻达到不凝神而不能分辨清楚的程度，并使过去曾长期作为主题的动物纹较彻底地摆脱了以往刻板的作风，转向活跃、清新而秀逸。几何形纹饰中的三角纹亦于春秋中期兴起。瓦当中三角形纹饰如山云纹、三角双螭饕餮在战国中期刚出现。所有这些都体现了一种东周时代新风格的树立。进入战国早期后，蟠螭纹、蟠虺纹虽多以各种变形的纹样存在，但终无大变，始终没有脱离开这一风格。此外，堪称青铜器纹饰奇葩的人物画像纹亦在这一阶段展现其异彩，将中国青铜器纹饰的艺术水平推向顶端。瓦当中人面纹在战国晚期才看到，很少，不占主流。综上所述，这一阶段纹饰的表现手法具有图案性与装饰性，已使传统纹饰中的神秘性得到较彻底的清除，同时，表现人类社会生活的、现实主义的主题出现，亦说明所谓神的艺术已变为人的艺术，这些正是春秋战国之际人文主义空前活跃的时代精神的体现。瓦当上的纹饰在战国中晚期之后越来越几何化和图案化，比如山云纹、双龙纹、独龙纹、花卉纹、草叶卷云纹、窗棂纹等。

第五阶段：战国中晚期。上一阶段常见的蟠螭纹、蟠虺纹及二者各种变形的形式仍存在，但简练的几何纹饰普遍取代了繁缛的花纹。因此瓦当纹饰和青铜器纹饰密切相关，青铜器纹饰内涵变迁和瓦当纹饰内涵变迁有诸多近似之处，除了时间上前后承续关系之外，在图形手法、构图处理、形的变化上几乎是一致的。

其三，铜器上饕餮纹与瓦当上饕餮纹特征比较。以双兽构成饕餮的母题，在商周铜器上是很普遍的，最简括明确的特征是，或双兽相对中间安一兽面，或侧形的左兽与右兽相对，而左兽的右眼和右兽的右眼正好构成饕餮的两眼，"同样以双兽构成饕餮纹，而铜器上与瓦器却有分明的差异处。铜器上的双兽抽象得厉害，离开兽的本形甚远；燕瓦上的双兽，虽亦格式化，看起来还不失灵活的写实味。铜器以表现饕餮为主体，双兽是附属的；燕瓦似乎着重双兽，饕餮的两眼反处于附属的地位。双兽饕餮式先是对首，其次对角，在趋于极端而为对项了。从饕餮的面形而论，铜器和燕瓦亦觉不同……早期的铜器，饕餮有眉有角，双目炯炯逼人，带有无限的威严性；晚期的铜器因附丽的纹饰渐渐显著起来，而失去炯炯之神。到了燕瓦，饕餮纹的双角是没有了，附属的纹饰特别显著，虽有双眼，早已不显其威严了。从这种变化里使我们明白，初期的饕餮纹还不失原来的宗教意义，晚期饕餮纹是属于纯粹装饰的范畴了"①。

① 滕固：《燕下都半规瓦当上的兽形纹饰》，《金陵学报》1936 年 6 卷 2 期。

第四章　双龙饕餮纹饰空间结构

第一节　图形呈对称结构装饰感强

对称图形的形式感和装饰感都很强，庄重醒目。所谓对称就是沿中轴线左右或上下形的重复的状态。在燕下都瓦当中几乎全采用轴对称方式，对称形态视觉上有自然、安定、协调、整齐、典雅、庄重朴素的美感，很符合人们的视觉习惯。自然界中这种对称图形随处可见，如人和动物脸部、树叶、花朵、建筑等。

古人也是在对自然不断观察和审视当中，经过提炼加工概括，将现实经验用在作品当中。在中国传统建筑当中这种情形随处可见。

由于对称图形过于完美，缺少变化，看多了也会产生呆滞、单调的感觉。力的平衡常分为三种情况，如图 4-1-1，除了完全对称，其他两种情况出现得也非常多，尤其在绘画作品当中，如图 4-1-2、图 4-1-3、图 4-1-4。

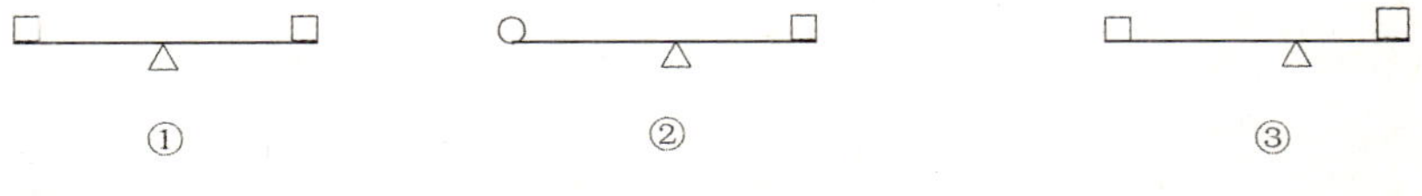

图 4-1-1

图 4-1-2

图 4-1-3

图 4-1-4

很显然在绝大部分情形下，绝对平衡关系有他的不足之处，但也确实给人一种安定平和的形式美感，产生视觉上的满足感。大部分出土的燕下都瓦当都采取了这种轴对称结构，如图 4-1-5、图 4-1-6、图 4-1-7、图 4-1-8、图 4-1-9、图 4-1-10、图 4-1-11、图 4-1-12、图 4-1-13、图 4-1-14、图 4-1-15。

图 4-1-5

图 4-1-6

图 4-1-7

图 4-1-8

图 4-1-9

图 4-1-10

图 4-1-11

图 4-1-12

图 4-1-13

图 4-1-14

图 4-1-15

只有一小部分比如山形饕餮纹中采取了小的变化，虽然也是轴对称，抛开错切的推断，如果单纯从图像或者图案法则来推断图形本身的话，图 4-1-16、图 4-1-17、图 4-1-18 显然经过了翻转变化，很难说古人不是为了追求变化而有意为之。

图 4-1-16

图 4-1-17

图 4-1-18

由于对称的缺陷性，燕下都瓦当中半圆形当面内的图形产生了丰富变化，以调节过度平衡产生的呆板和乏味感受。每个形状都不相同，每个细节，如大小、长短、弯曲、粗细，都不一致。由于每个细节丰富性和变化填补了对称图形单调乏味的感觉，使图形在有限的空间既和谐又大方，如图 4-1-19。

图 4-1-19

第二节　图形空间布局

在双龙饕餮纹饰的所有图形当中，我们不难看出兽面形象占据了当面三分之二的面积，兽面是瓦当主体形象，非常突出。由于主体形象首先进入人的视线，所以它明显位于视线最前方。在面部形象中眼睛移动也有一个主次顺序，我们可以依次看到眼睛、眉（角）、鼻子。第二个看到的形象是双龙形象。由于双龙形象较小，并且呈倒立位置，形象不易辨认和识别，所以处于第二层次。第三个注视点是位于瓦当边缘的装饰性图形。由于处于边界且图形抽象，视网膜上识别率更低，所以边缘图形处于第三个层次。这样我们的视线就产生了前后空间关系，远近层次，在一个看似平面的瓦当表面就形成了次序。这种次序性是非常重要的。在有限空间当中，人在观察过程中视线次序性将使我们在心理上不凌乱。在中国传统绘画当中有种视觉中心定位方式，如图 4-2-1 所示。

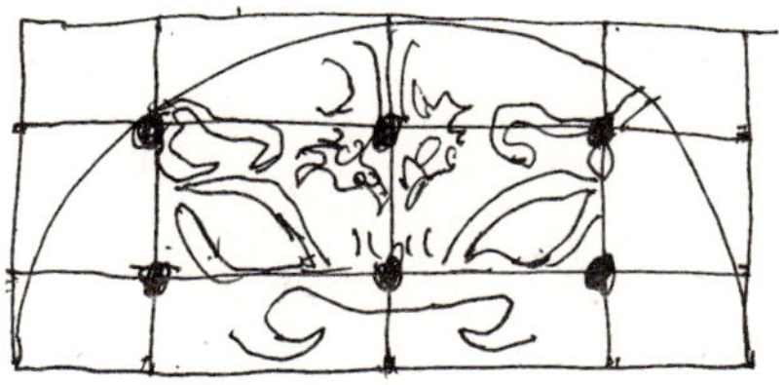

图 4-2-1

我们取矩形四条边线为参照将四条边线分别十等分，然后将每条边线 3 和 7 的位置连线，那么这 4 条边线相交后焦点及其周围形象就是就容易形成视觉第一注视点，然后依次向左上方，左下方，右下方，右上方移动。西方黄金分割率也是这个道理，如图 4-2-2 中，a、b 两线和 D 线的交点和图 4-2-3 中 BG 和 JD 的交点都容易成为视觉直接关注点，这一点和中国人的认识是一致的。按这一规律双目和眉的位置恰恰是在交点上或交点附近，所以这两点和面部首先跳了出来，成为第一视点。这也是眼睛、眉，面部最突出醒目的原因，因此观察上次序不仅产生空间前后，也使表面看起来杂乱的图形并不凌乱。除此之外，瓦当还通过遮挡和叠压来表现前后关系，增加了图形丰富性和前后空间，如图 4-2-4、图 4-2-5、图 4-2-6。

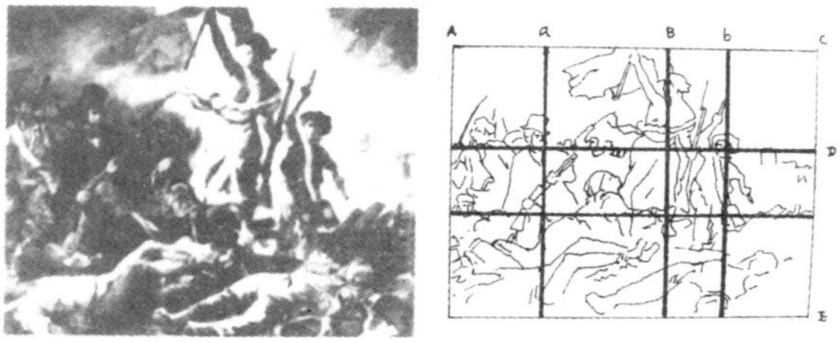

图 4-2-2

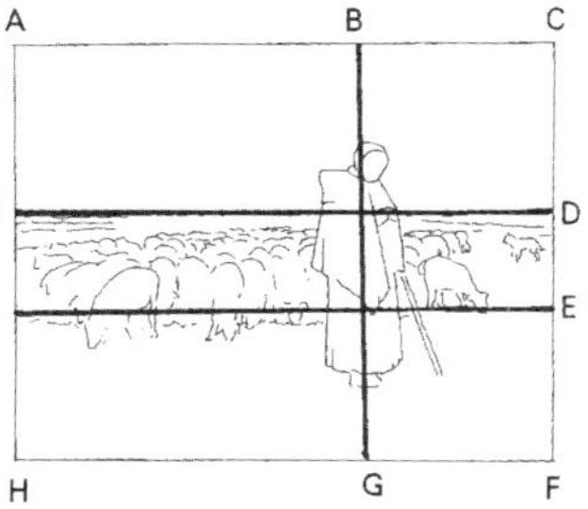

图 4-2-3

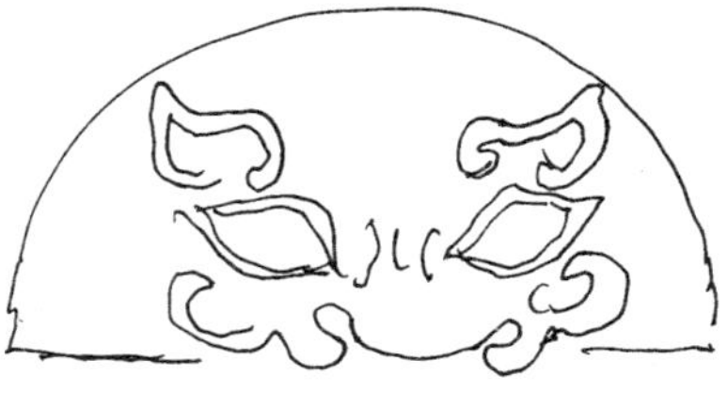

图 4-2-4

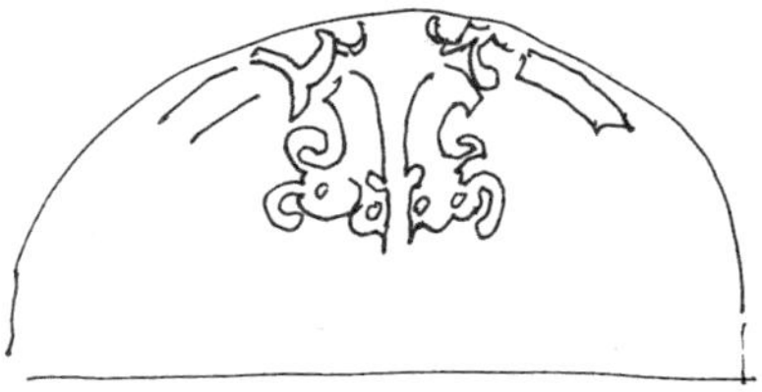

图 4-2-5

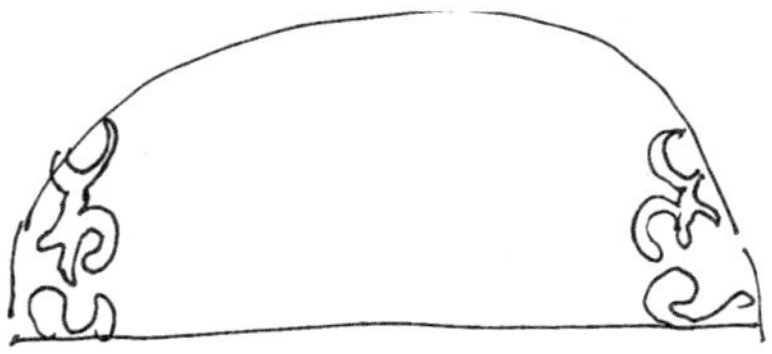

图 4-2-6

一、物象位置上下

由于人对空间有远近知觉，知觉的经验是离“我”最近者，需低头看，渐远者，需抬头看。反应在画面上，凡是地面上物体，皆以画面上部为远，下部为近，如图 4-2-7、图 4-2-8。绘画如此表现空间，瓦当画面也是如此表达，如图 4-2-9。如果我们将瓦当二分之一处画一条水平线，那么我们首先看到就是眼睛和当面的下半部分，所以双龙眼睛看起来离我们更近。

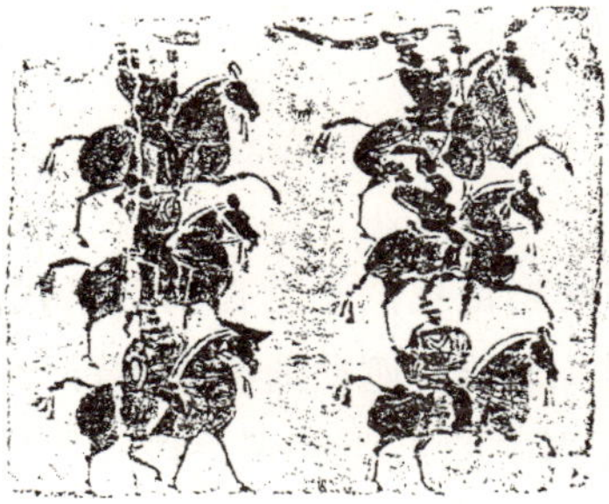

图 4-2-7

图 4-2-8

图 4-2-9

二、物象大小

视像是知觉物体大小的重要信息，物象大则视像大，物象小则视像小，视像小的物体被知觉为远，视像大的物体被知觉近，如图 4-2-10、图 4-2-11。画家往往用近大远小表现距离，瓦当中形象同样遵从这一原则，眼睛、眉口、鼻大，龙和边缘次要形象较小。

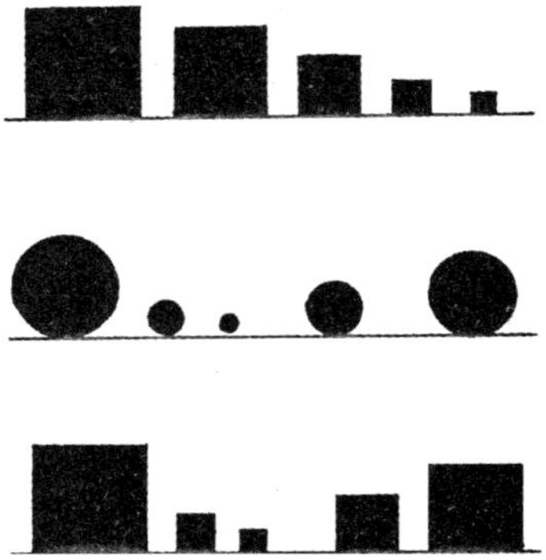

图 4-2-10

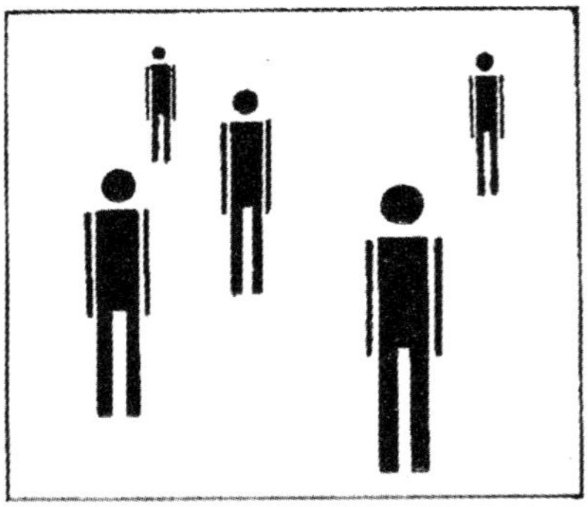

图 4-2-11

三、遮挡

离我们远的物体往往被中间物体挡住。中间物被我们知觉在前，离我们近；被遮挡物体被我们知觉为后，离我们远，如图 4-2-12。遮挡通常亦称部分重叠，是人知觉物体前后的重要线索，这是中国绘画当中的重要表现手段。图中遮挡和叠压是产生空间前后的重要手段，在传统绘画等形式当中非常普遍，往往人物和景物大小不发生变化只用遮挡来表达远近，如图 4-2-13、图 4-2-14、图 4-2-15 等。双龙饕餮中眉的部分和龙爪部分形象处理也是如此，如图 4-2-16。

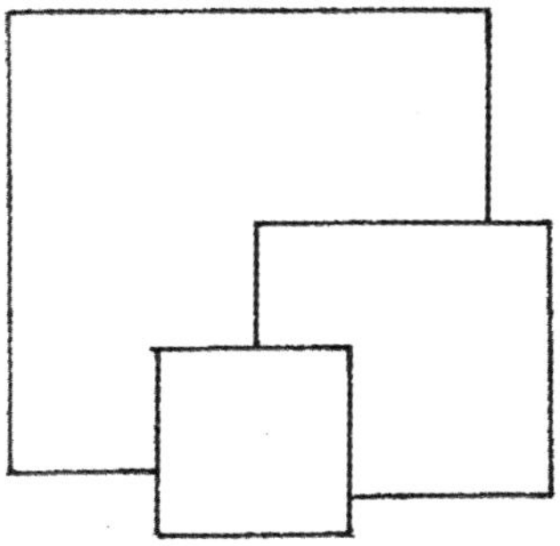

图 4-2-12

图 4-2-13

图 4-2-14

图 4-2-15

图 4-2-16

第三节 正负空间处理

在一件作品中只有将正负两个空间处理得当，我们的视觉感才舒服。所谓正形就是画面中的有形部分，负形就是画面中虚的形象、空白处形象，正负两个形是虚实互补互相依存的关系，两者同等重要。假如一个面被分开，构成如图 4-3-1、图 4-3-2 凸凹两个面，凸起来的面比凹进去的面更容易被觉察到，这样一来，这种具有凹进结构的雕塑作品完全超出了界限，其周围空间也不像传统意义雕塑那样，能被雕塑本身消极替代，相反其采取了一种积极态度入侵雕像本身，从而获得了凹进部分应有的外部表面。当我们在观察二维空间中的图形和背景关系时，空间和雕塑之间在发生互动。凸起形状有进攻性，凹进形状有被动的压迫感，换句话说在瓦当图形认知中我们可以通过两个这样的空间来分析比对。如图 4-3-3、图 4-3-4、图 4-3-5、图 4-3-6、图 4-3-7、图 4-3-8、图 4-3-9。

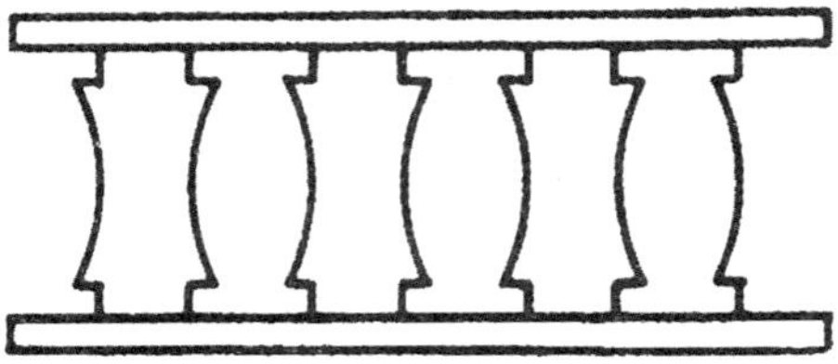

图 4-3-1

图 4-3-2

图 4-3-3

图 4-3-4

图 4-3-5

图 4-3-6

图 4-3-7

图 4-3-8

图 4-3-9

不难看出正形占据了瓦当当面五分之四或者更多，负空间非常紧迫，有十足压缩感，瓦当边缘轮廓大部分都是较窄边轮，以满足内部空间的狭窄不足，使整个形象满而不塞。山云纹和山形饕餮纹更接近中国传统绘画正负两个空间处理，而不像双龙和卷云饕餮这样满塞。

第五章　卷云饕餮纹饰空间结构

第一节　重复的卷云形象弱化了兽面主体

卷云饕餮纹与双龙背项饕餮纹不同，除了双目形象之外，其他形象都以卷云形象取代或者弱化，双目形象大小也发生了变化，眼睛变得圆而小，口、角、双龙形象如果不与双龙背项饕餮纹比较，很难一眼就辨认出来，这大概是其逐步走向生活化、世俗化的一种体现吧。卷云形象不断重复，使画面更加抽象和平面化、图案化。这些重复形象通过正反、大小、长短、排列上的变化来丰富画面，在重复过程中并不使人感觉单调乏味。

举个例子来说，图 5-1-1 中眼的上部处理就高度概括和抽象，一反，一正，一大一小，高低错落富于变化和节奏感。

图 5-1-1

形的相似性增加了平面感，由于形象认知上的模糊性，单个元素之间差异较小，图形前后空间关系并不明确，满眼望去卷云饕餮就像一块花布，整个图形已简化为抽象点线关系，除了眼睛之外很难再读出形象了。在正负两个空间面积分布上，卷云饕餮和双龙饕餮空间处理几乎一致，正形空间大，负形空间较小，也同样有满塞感，如图 5-1-2、图 5-1-3、图 5-1-4、图 5-1-5、图 5-1-6、图 5-1-7、图

5-1-8、图 5-1-9、图 5-1-10。

图 5-1-2

图 5-1-3

图 5-1-4

图 5-1-5

图 5-1-6

图 5-1-7

图 5-1-8

图 5-1-9

图 5-1-10

视觉中心虽隐隐约约停留在眼部（这是因为眼部椭圆形点和其他点相比较大的缘故），但并不醒目。这是因为相同点增加之后点图形的识别性上就相对较差。卷云饕餮整体来看点的形象很突出，画面中大大小小的点分布在不同的位置上，如图 5-1-11。

从大部分图形来看，除眼睛椭圆形点稍大之外，其他点的大小区别不大，点的形状几乎接近正圆形，如图 5-1-12。

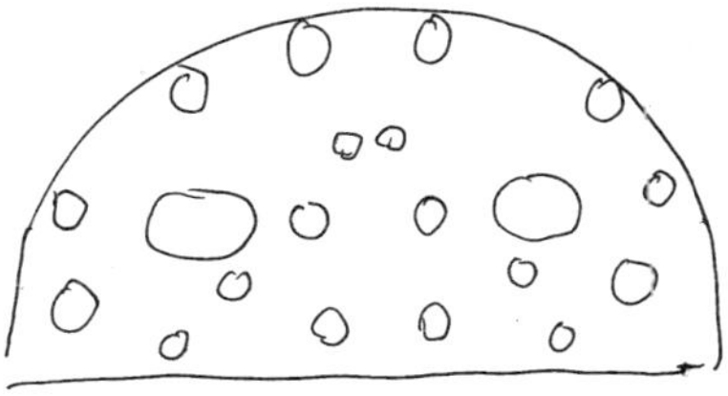

图 5-1-11

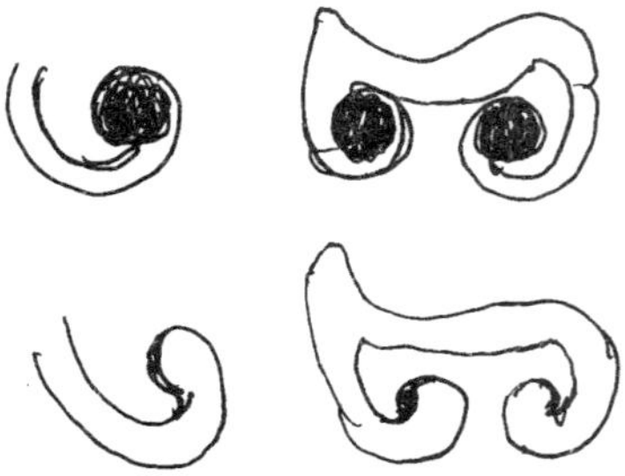

图 5-1-12

虽然有遮挡、叠压关系，但这种遮挡只是画面装饰的需要，而不产生空间关系，因此严格意义上来说和双龙饕餮相比，卷云饕餮只有两层空间关系，即大大小小的点是视觉首先关注的对象，点的下一层遮挡只作为一层级来看。另外，卷云饕餮点的形象突出，而双龙饕餮线的感受更强烈、细腻，点线面对比强烈，有点像中国画里的工笔。而且卷云饕餮更粗放一些。

第二节　卷云饕餮几何形态及空间力感

卷云饕餮有如图 5-2-1 几种几何形态。

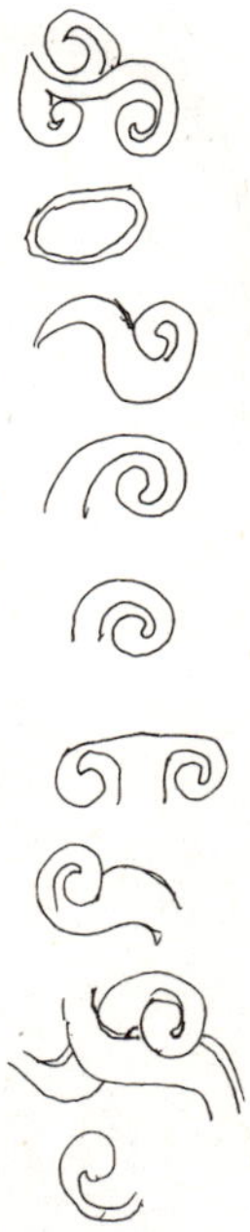

图 5-2-1

这几种形态通过方向、大小位置变换构成了瓦当整个图形，当然这种形的变化仍是以兽面作为参照。和双龙饕餮相比，卷云饕餮更写意，双龙饕餮更写实一些。

什么是空间力感呢？就是说瓦当外部轮廓的存在，其间形成一个“场”。在“场”中，形象元素被其吸引和限制。由于人的视觉按有意义图形对形象元素予以组合，使元素间由于完形而产生了相互吸引力或排斥力作用。未被组成形的元素，则被画框的“场”的张力所吸引。这就是构图当中的空间力感。这里所说的张力，阿恩海姆称之为知觉力，既然这种作用力有自己作用点、方向、强度，它就合乎物理学家对力所下定义。图 5-2-2 中曲线两侧的点，似有被其引力吸附的作用。这种连接吸引力感，使得构图散乱的花朵被枝条连接而构成整体。没有画在枝条上的花朵，也被视为枝条上的花。同理，布局散乱的山村树石画面，中间有条河流出现，构图就不那么杂乱无章了，如图 5-2-3。

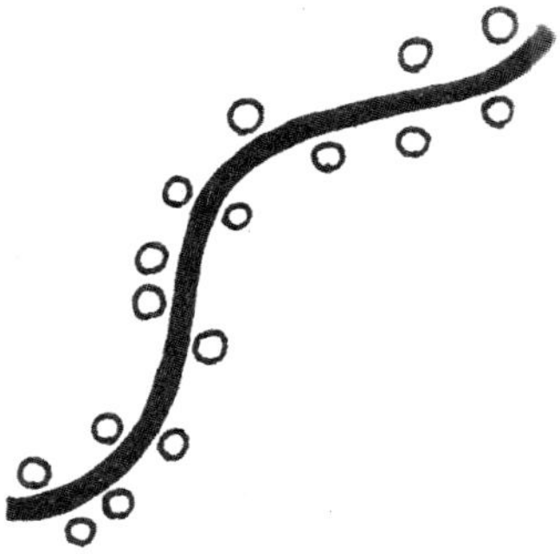

图 5-2-2

图 5-2-3

与力的加强相反的是力的减弱、力的分散、力的无序和混乱，如图 5-2-4 中 A、B、a、b 图可以明显可以看出：A 长线方向，由于受到短线干扰而削弱了其力的运行力度；下面 B 图中相互冲突的力，互相抵消，又因其无序而导致混乱。因此结构关系简单、物象简约、形色概括构图，要特别关注形象重力关系对画面均衡造成的影响。那么卷云饕餮的空间力感是如何完成的呢？

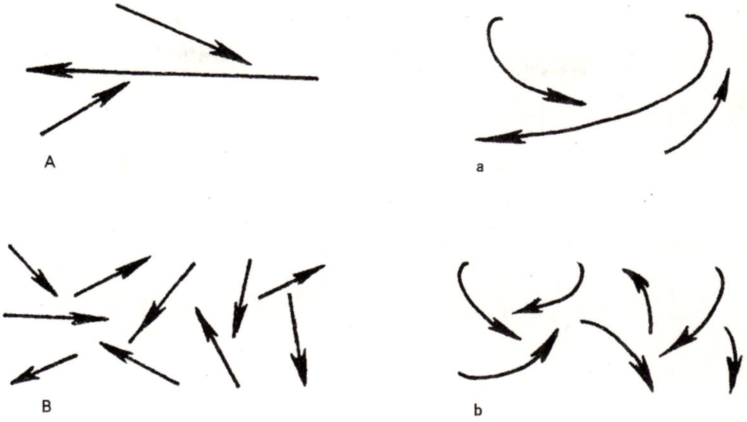

图 5-2-4

以图 5-2-5 来说明，其有向外、向上一种力如 a，线较长，力度很大；b 线由外部向斜上方再向下、向上，这是对线 a 的一个力的回收；d 线是对左下角空间一个回收；c 线和 a 线一个呼应关系先向左上再将力感回收，有半部分由下向上、向左；e 线向下再向上内收。这些力感围绕眼睛和中心轴线展开，围绕形的大小方向、宽窄上下来展开。这种形象拉拽作用，使小小瓦当图形通过中间力感分配和布局显得极有张力，外部边框将众多力收在了内部，内部释放和外部收拢相互配合，收放自如。不光是卷云饕餮图形如此，双龙饕餮图形也存在这种空间力感，使看似简单的瓦当图形具有形式美感和视觉冲击力。

图 5-2-5

第六章　双龙饕餮、卷云饕餮、山形饕餮和山云纹图形之间关系

第一节　双龙饕餮和卷云饕餮之间关系

一、眼部变化

双龙饕餮眼部多为两层或三层，眼睛在整个瓦当中所占比例较大，曲线每层圆弧曲线逐层提高将眼球推到观看者前部。卷云饕餮则为一层，眼睛变小变圆，形状并不突出。如图 6-1-1、图 6-1-2、图 6-1-3。

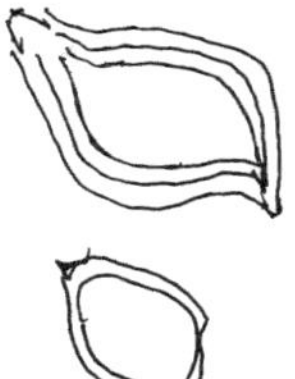

图 6-1-1

图 6-1-2

图 6-1-3

二、眼眉变化

双龙饕餮和卷云饕餮图形眉部（或角部）变化不大，如图 6-1-4，最后眼眉部分越来越意向化，眼眉部分上提，这样完整眉部就被瓦当外部轮廓一分为二，在最外边缘呈一顺向翻转，如图 6-1-5，甚至有些图形只保留很小一部分，越来越抽象了，如图 6-1-6—图 6-1-22。

图 6-1-4

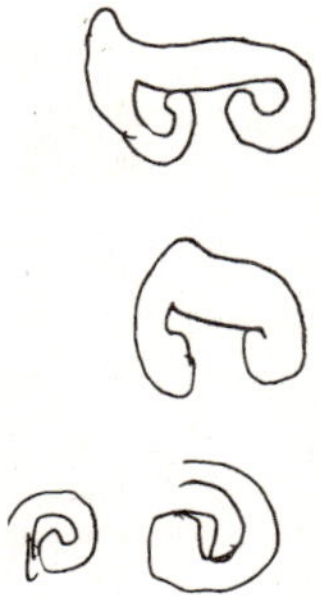

图 6-1-5

图 6-1-6

图 6-1-7

图 6-1-8

图 6-1-9

图 6-1-10

图 6-1-11

图 6-1-12

图 6-1-13

图 6-1-14

图 6-1-15

图 6-1-16

图 6-1-17

图 6-1-18

图 6-1-19

图 6-1-20

图 6-1-21

图 6-1-22

三、双龙变化

如图 6-1-23，双龙变化较大。双龙部位变化有几种形态，尤其龙的头部和身体爪子部分变形较大，我们从图 6-1-3 和图 6-1-14 可以明显看出它们之间的借鉴关系。由图 6-1-24 和图 6-1-25 也可以看出卷云纹饰明显借鉴了抵角饕餮纹形状。

图 6-1-23

图 6-1-24

图 6-1-25

四、鼻子、耳朵和嘴部变化

比较图 6-1-26、图 6-1-27、图 6-1-28、图 6-1-29 不难看出鼻子、耳朵和嘴这三个部分变化不大，只是经过了简化处理，但仍能看出它们之间的转换关系。图 6-1-30—图 6-1-42 基本形态一致，图 6-1-43—图 6-1-54 基本形态一致。

图 6-1-26

图 6-1-27

图 6-1-28

图 6-1-29

图 6-1-30

图 6-1-31

图 6-1-32

图 6-1-33

图 6-1-34

图 6-1-35

图 6-1-36

图 6-1-37

图 6-1-38

图 6-1-39

图 6-1-40

图 6-1-41

图 6-1-42

图 6-1-43

图 6-1-44

图 6-1-45

图 6-1-46

图 6-1-47

图 6-1-48

图 6-1-49

图 6-1-50

图 6-1-51

图 6-1-52

图 6-1-53

图 6-1-54

从以上分析我们可以得出结论，这两种饕餮纹饰有一种先后次序，有一个渐变过程，每种图形并非凭空产生，图形之间都有内在的联系性，这和当时的审美变化应该是一致的。一个图形的出现是非常复杂的，有时并非单纯地由复杂变化到简单，就像明代家具和清代家具一样，明代尚简而清代尚繁。一般情况下，图形演进是一个简单—复杂—单纯的过程，单从燕下都瓦当遗存图形中判断图形出现先后未必完全准确，但却是不可或缺的一种参照。

第二节　卷云饕餮和山形饕餮之间关系

一、眼部变化

从卷云饕餮和山形饕餮眼部的变化来看，卷云纹饰眼部呈椭圆形，而山形纹饰接近于鱼形，如图 6-2-1、图 6-2-2、图 6-2-3。

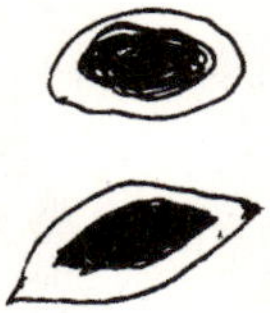

图 6-2-1

图 6-2-2

图 6-2-3

二、鼻子和嘴部变化

从卷云饕餮如图 6-2-4—图 6-2-19 和山形饕餮如图 6-2-20—图 6-2-28 鼻子和嘴部比较我们不难得出结论，山形饕餮是对卷云饕餮的进一步概括和抽象。这两部分形是完全相同的，如果说细节上不同只是山形饕餮嘴部稍稍向上突起，而这种变化只是为了适应上方两个眼睛的形状变化需要，如图 6-2-29。

图 6-2-4

图 6-2-5

图 6-2-6

图 6-2-7

图 6-2-8

图 6-2-9

图 6-2-10

图 6-2-11

图 6-2-12

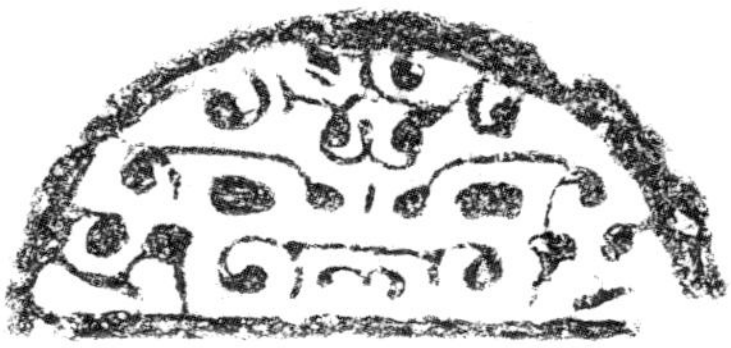

图 6-2-13

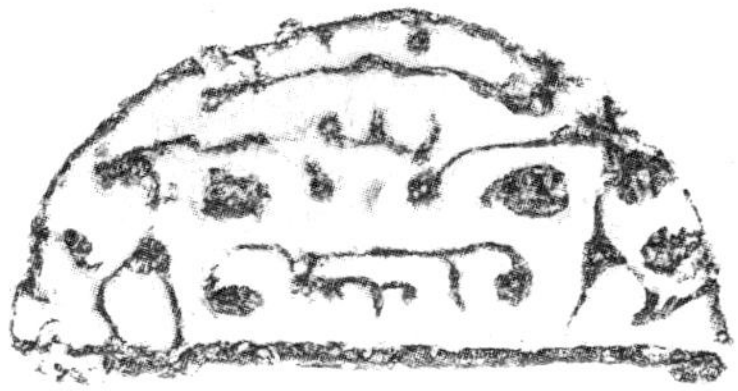

图 6-2-14

图 6-2-15

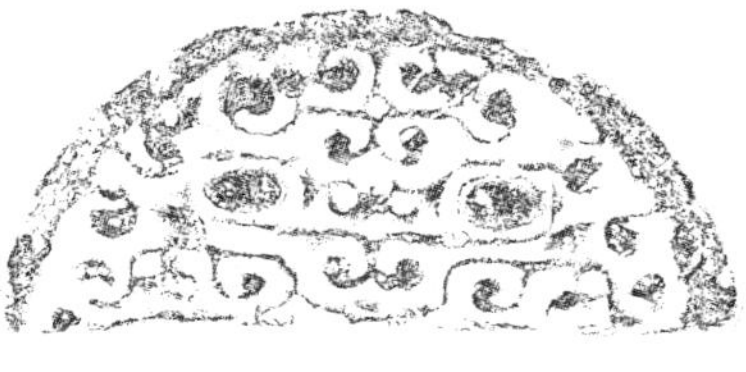

图 6-2-16

图 6-2-17

图 6-2-18

图 6-2-19

图 6-2-20

图 6-2-21

图 6-2-22

图 6-2-23

图 6-2-24

图 6-2-25

图 6-2-26

图 6-2-27

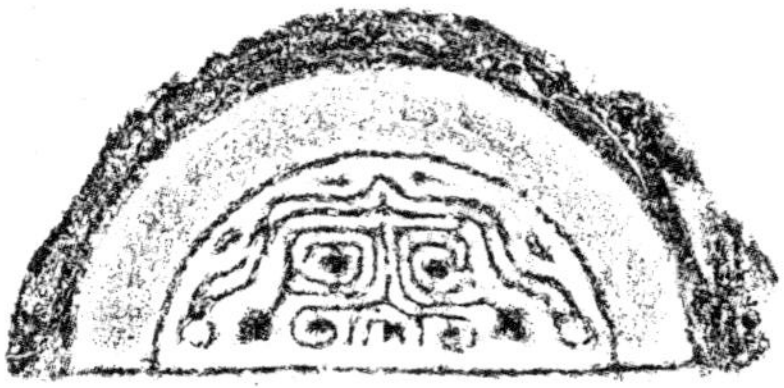

图 6-2-28

图 6-2-29

三、边缘梯形折线演化

眼睛上部和折线变化非常大，从卷云到山形折线是一种高度概括，这种概括也是有一定规律可循的。如果我们将卷云饕餮如图 6-2-30—图 6-2-37 从中间上部最高点到左下角做一个连接，那么我们很自然就会得到像山形纹饰如图 6-2-38—图 6-2-45这样的图形。

图 6-2-30

图 6-2-31

图 6-2-32

图 6-2-33

图 6-2-34

图 6-2-35

图 6-2-36

图 6-2-37

图 6-2-38

图 6-2-39

图 6-2-40

图 6-2-41

图 6-2-42

图 6-2-43

图 6-2-44

图 6-2-45

四、耳部变化和外部边线

山形饕餮耳部基本上简化为菱形、正方形和长方形，外部边线也变化成三角形状或接近于三角形状的点，如图 6-2-46。

如果说卷云饕餮仅从图像学角度看较琐碎，但隐约还能感觉到形的存在的话，那么山形饕餮从具象图形彻底走到一种抽象点线面结构形式，整体感非常好，点线面很明确，线的表现突出，形式感强，形的方圆、曲直、大小、长短非常和谐，图形完全平面化了。

图 6-2-46

第三节　山形饕餮和山云纹之间关系

山云纹是对山形饕餮的进一步抽象和简化，如果我们把图 6-3-1 山形饕餮眼睛省略掉，那么我们就会很轻易得到图 6-3-2、图 6-3-3、图 6-3-4 等山形图形，其几何感更强烈、明显。云纹和重复折线，一曲、一直，外部边轮弧线和底边直线之间和内部直线、弧线形成对比关系。由于这种线性图案，所以就形成了前两章提到的负空间较大的情况，为了填补负空间较大，图像过于空洞的不足，所以将折线和边轮加粗，使正负空间达到一种和谐和平衡，如图 6-3-5，这也就是我们看到山形饕餮纹饰和山云纹饰中瓦当边轮都较宽的缘故。尽管如此，山云纹饰内部负空间空白仍然较多，整个图形显得很空灵。另外山云纹图形中山云纹应该是从山形花卉饕餮纹直接移植过来，虽然卷云饕餮纹饰形态结构和山形花卉饕餮纹饰有内在关联性，但只有在山形花卉纹中才能看到完全一致的处理手法。如图 6-3-6—图 6-3-11。

另外，图 6-3-8、图 6-3-9 和图 6-3-11 图形瓦当边轮图案完全一致。

另外，山云纹图形纹饰图案也和其他纹饰一样有几种形态，如图 6-3-12、图 6-3-13、图 6-3-14、图 6-3-15 等。

图 6-3-1

图 6-3-2

图 6-3-3

图 6-3-4

图 6-3-5

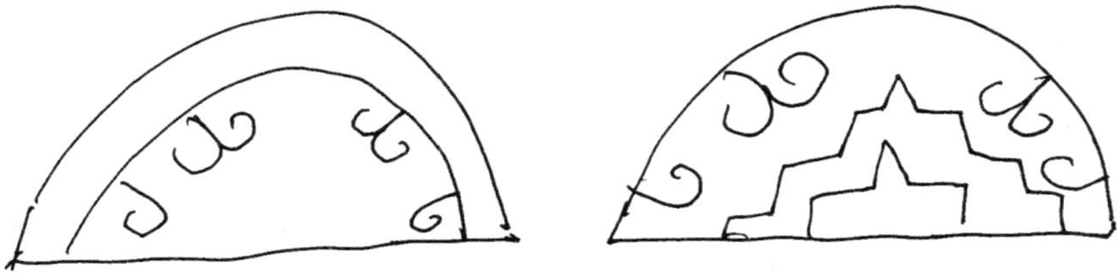

图 6-3-6

图 6-3-7

图 6-3-8

图 6-3-9

图 6-3-10

图 6-3-11

图 6-3-12

图 6-3-13

图 6-3-14

图 6-3-15

总的来说一种图形的产生受各方面因素的影响。因为某种纹饰即使在其主要流行时期过后将可能持续存在一段时期，因此由图形内部的演化判断它们之间内在联系和变化过程是偏颇的，但从审美角度研究和推断图形演化、演变过程无疑对传统图案规律的形成和发展过程产生积极影响。对传统图案的挖掘整理会对当下艺术创作提供某些参考。

主要参考文献

一、文献典籍

［1］吕不韦．吕氏春秋［M］．北京：中华书局，1954.

［2］司马迁．史记［M］．北京：中华书局，1959.

［3］刘向．战国策［M］．上海：上海古籍出版社，1998.

［4］郦道元．水经注［M］．南京：江苏教育出版社，1989.

［5］王辟之．渑水燕谈录［M］．北京：中华书局，1989.

［6］王黼．宣和博古图［M］．重庆：重庆出版社，2010.

［7］顾祖禹．读史方舆纪要［M］．北京：中华书局，1980.

［8］冯云鹏，冯云鹓．金石录［M］．北京：书目文献出版社，1996.

［9］王昶．金石萃编［M］．西安：陕西人民出版社，1990.

［10］沈玉成．左传译文［M］．北京：中华书局，1981.

二、出土文献资料集

［1］周进集藏，周绍良整理，李零分类考释．新编全本季木藏陶［M］．北京：中华书局，1998.

［2］齐国历史博物馆．临淄文物集释［M］．济南：齐鲁书社，2002.

［3］王恩田．陶文图录［M］．济南：齐鲁书社，2002.

［4］路东之．向陶之旅——古陶文明博物馆藏品掇英［M］．北京：紫禁城出版社，2008.

［5］焦南峰．雍城秦汉瓦当集萃［M］．西安：三秦出版社，2008.

［6］辽宁省博物馆，辽宁省文物考古研究所．辽海遗珍［M］．北京：文物

出版社，2014.

三、专著与研究文集

［1］刘德彪. 燕下都瓦当研究［M］. 保定：河北大学出版社，2004.

［2］吴磬军. 燕下都瓦当文化考论［M］. 保定：河北大学出版社，2008.

［3］吴磬军. 燕下都瓦当考古学观察与思考［M］. 保定：河北大学出版社，2015.

［4］谭其骧. 中国历史地图集（第一册）［M］. 北京：地图出版社，1982.

［5］寿鹏飞. 易县志稿［M］. 北京：学苑出版社，1990.

［6］傅振伦. 傅振伦文录类选［C］北京：学苑出版社，1994.

［7］陈平. 燕史纪事编年会按［M］. 北京：北京大学出版社，1995.

［8］北京市文物研究所. 琉璃河西周燕国墓地 1973—1977［M］. 北京：文物出版社，1995.

［9］陈光汇. 燕文化论文集［M］. 北京：中国社会科学出版社，1995.

［10］河北省文物研究所. 燕下都［M］. 北京：文物出版社，1996.

［11］中国社会科学院考古研究所. 大甸子——夏家店下层文化遗址与墓地发掘报告［M］. 北京：科学出版社，1996.

［12］李文杰. 中国古代制陶工艺研究［M］. 北京：科学出版社，1996.

［13］北京市文物研究所. 北京建城 3040 年暨燕文明国际学术研讨会会议专集［C］. 北京：北京燕山出版社，1997.

［14］河北省文物研究所. 河北省考古文集［M］. 上海：东方出版社，1998.

［15］张光直. 中国青铜时代［M］. 北京：生活·读书·新知三联书店，1999.

［16］许倬云. 西周史（增补本）［M］. 北京：生活·读书·新知三联书店，2001.

［17］顾德融，朱顺龙. 春秋史［M］. 上海：上海人民出版社，2001.

［18］杨宽. 战国史［M］. 上海：上海人民出版社，2003.

［19］陈梦家. 西周铜器断代［M］. 北京：中华书局，2004.

［20］郭大顺，张星德. 东北文化与幽燕文明［M］. 南京：江苏教育出版社，2005.

［21］陈平. 北方幽燕文化研究［M］. 北京：科学出版社，2006.

［22］朱彦民. 商族的起源、迁徙与发展［M］. 北京：商务印书馆，2007.

［23］张长寿. 商周考古论集［C］. 北京：文物出版社，2007.

［24］北京市文物研究所. 房山南正遗址——拒马河流域战国以降时期遗址发掘报告［M］. 北京：科学出版社，2008.

［25］苏秉琦. 中国文明起源新探［M］. 沈阳：辽宁人民出版社，2011.

［26］陈洪波. 中国科学考古的兴起——1928—1949 年历史研究所考古史［M］. 桂林：广西师范大学出版社，2011.

［27］山东省文物考古研究所. 临淄齐故城［M］. 北京：文物出版社，2013.

［28］鲁道夫·阿恩海姆. 艺术与视知觉［M］. 朱疆源，译. 长沙：湖南美术出版社，2008.

［29］常锐伦. 绘画构图学［M］. 北京：人民美术出版社，2008.

［30］张孝光. 殷墟青铜器的装饰艺术［M］. 北京：文物出版社，1985.

［31］朱凤瀚. 古代中国青铜器［M］. 天津：南开大学出版社，1995.